RICARDO HOFFMANN

O MELHOR INVE$TIMENTO PARA O SEU DINHEIRO

Literare Books
INTERNATIONAL
BRASIL · EUROPA · USA · JAPÃO

*"O investimento em conhecimento
é aquele que traz os maiores retornos."*
Benjamin Franklin (1706-1790)

Copyright© 2020 by Literare Books International.
Todos os direitos desta edição são reservados à Literare Books International.

Presidente:
Mauricio Sita

Vice-presidente:
Alessandra Ksenhuck

Capa, projeto gráfico e diagramação:
Gabriel Uchima

Revisão:
Rodrigo Rainho

Diretora de projetos:
Gleide Santos

Diretora executiva:
Julyana Rosa

Diretor de marketing:
Horacio Corral

Relacionamento com o cliente:
Claudia Pires

Impressão:
Impressul

**Dados Internacionais de Catalogação na Publicação (CIP)
(eDOC BRASIL, Belo Horizonte/MG)**

H711m   Hoffmann, Ricardo.
         O melhor investimento para o seu dinheiro / Ricardo Hoffmann.
       – São Paulo, SP: Literare Books International, 2020.
         16 x 23 cm

         ISBN 978-65-86939-44-6

         1. Literatura de não-ficção. 2. Educação financeira. 3. Finanças pessoais. 4. Investimentos. I. Título.
                                                         CDD 332.024

Elaborado por Maurício Amormino Júnior – CRB6/2422

Literare Books International Ltda.
Rua Antônio Augusto Covello, 472 – Vila Mariana – São Paulo, SP.
CEP 01550-060
Fone: (0**11) 2659-0968
site: www.literarebooks.com.br
e-mail: contato@literarebooks.com.br

SOBRE O AUTOR

O objetivo deste livro não é sobre mim, mas, sim, sobre como eu posso ajudar você a investir melhor de forma segura e prática. Caso você queira saber um pouco da minha história, fique aqui comigo, caso contrário, sugiro pular três páginas e começar seus estudos!

Meu nome é Ricardo Hoffmann e tenho um propósito de vida, que é ajudar pessoas a investir melhor de forma simples e segura.

Hoje eu faço isso, principalmente pela *Internet*, com muito conteúdo gratuito nas redes sociais e com minhas turmas de alunos do Mapa do Investimentos.

Em 1991, eu nasci em Rio do Sul, interior de Santa Catarina, me criei em uma cidade vizinha chamada Aurora e, até os meus 19 anos, sempre trabalhei com meus pais na agricultura familiar, que era nossa principal fonte de renda.

Em 2012, já estava cursando a faculdade de Economia e, por indicação de um professor, consegui uma vaga para gerenciar clientes em uma instituição financeira internacional, que era o Banco Santander. A partir desse ponto, eu descobri que a minha paixão era trabalhar com investimentos financeiros e ajudar meus clientes a investir melhor.

Em 2014, fui convidado a gerenciar uma carteira de clientes no Banco HSBC. Era um desafio e tanto, então aceitei e segui carreira no banco. No ano seguinte, fui transferido para a cidade de Balneário Camboriú (SC) para assumir um novo desafio na gestão de clientes investidores.

Durante esse tempo, fiz pós-graduação na área de finanças e mercado de capitais, ao mesmo tempo em que busquei obter várias certificações no mercado financeiro, como o CFP® (Certified Financial Planner), uma das mais conceituadas na área.

Em 2016, quando ainda trabalhava no HSBC Bank Brasil, comecei a dar aulas particulares e, com isso, comecei um projeto ainda no papel sobre educação financeira por meio da *Internet*. Naquele mesmo ano, o HSBC foi adquirido pelo Banco Bradesco e, nessa época, comecei a perceber que, apesar de ter um salário alto, sendo promovido constantemente, eu não era feliz de verdade. Mas, como assim, não era feliz com tudo isso? Bem, a maioria das pessoas pensa que trabalhar em bancos é mil maravilhas, mas não sabe que a pressão psicológica é alta e, principalmente, quem atua na área comercial precisa cumprir metas de vendas com produtos que, na maioria das vezes, não fazem o menor sentido ao cliente, exemplo, títulos de capitalização, consórcio, entre outros.

Fevereiro de 2018, quarta-feira de cinzas, tive que tomar uma decisão difícil, mas muito importante para mim naquele momento. Pedir as contas e me desligar do banco. A partir disso, os desafios começaram a ser cada vez maiores e mais desafiadores.

Minha experiência com investimentos era alta e, junto a isso, conhecia muitos investidores e pessoas que trabalhavam no mercado financeiro, então depois de algumas negociações, passei a aceitar um desafio como Sócio-Diretor de um escritório parceiro da XP investimentos para expandir os negócios na região de Balneário Camboriú.

O primeiro ano foi extremamente desafiador, pois além de começar do zero, era um ano de eleições presidenciais e, com isso, trazia mais cautela aos investidores. Mas eu sabia que, com muito trabalho e dedicação, o resultado seria compensador, e foi!

Em 2019, o ano se resumiu a muito trabalho, pois além de liderar o escritório de investimentos, tirei do papel o projeto de educação financeira pela *Internet* e passei a produzir muito conteúdo digital – ainda iniciei quatro turmas de alunos. Além disso, também passei a dar palestras sobre investimentos pela região, o que me fez ter a certeza de que deveria seguir na área de educação financeira com foco total.

No início de 2020, decidi me dedicar 100% ao projeto de educação financeira pela *Internet* e, para concretizar esse sonho, optei por me desligar da XP Investimentos, afinal, ter total imparcialidade nesse mercado seria umas das melhores coisas que poderia oferecer às pessoas que consomem meu conteúdo.

Toda minha experiência teórica e prática fez eu entender os motivos pelos quais os investidores erram na hora de investir, mas também o porquê, como e que fazer na hora de investir para ter os melhores investimentos de forma simples e segura. Outro ponto muito importante, que eu entendi nesse tempo, é que para você ser um bom investidor não é necessário ser nenhum *expert* de mercado financeiro ou ter uma formação de ensino superior na área, mas sim seguir um passo a passo básico e fazer o simples muito bem-feito que não vai ter erro.

Afinal, é possível ter melhores retornos sem depender dos outros para investir? A resposta é sim! Eu não diria isso a você se não tivesse ensinado o Mapa dos Investimentos a centenas de pessoas que hoje não dependem dos outros para tomar suas decisões na hora de investir.

Neste livro, você irá aprender sobre vários temas do mercado de investimentos, desde finanças pessoais até como montar a sua própria carteira de investimentos de forma independente. É importante entender que este livro está dividido em capítulos por ordem lógica, sendo essencial não pular nenhuma parte, pois uma complementa a outra.

Na primeira parte, vamos aprender o básico sobre finanças pessoais e a respeito de alguns conceitos e siglas, que são de extrema importância compreender antes de falarmos sobre aplicações financeiras. Passar direto por essa parte é a mesma coisa que dirigir um carro pela primeira vez sem nunca ter aprendido para que servem freio, câmbio, acelerador e outros itens. Sem esse conhecimento, você até sai do lugar, mas pode provocar um acidente, certo? Com os investimentos não será diferente.

Na segunda parte, iremos entrar no Mapa dos Investimentos, onde será abordado cada investimento e suas características em detalhes. Nesse ponto, você irá entender onde cada investimento está localizado no "mapa", assim como quais investimentos se adequam ao seu perfil e seus objetivos.

Na última parte, talvez a mais importante para você, iremos falar sobre o processo de como montar uma carteira de investimentos, passo a passo. A boa notícia é que essa parte é simples e fácil para quem entendeu bem as partes anteriores.

Vale ressaltar que, ao final de cada capítulo, você encontrará perguntas para ajudar a fixar o conteúdo e, assim, tirar mais proveito deste livro.

Para saber mais sobre a minha história e entrar em contato comigo, acesse o QR code abaixo ou o meu site: www.ricardohoffmann.com.br.

SUMÁRIO

CAPÍTULO 1:
PRIMEIROS PASSOS PARA INICIAR NO MUNDO DOS INVESTIMENTOS..17
- NÃO HESITE: INVISTA! 19
- A IMPORTÂNCIA DO ORÇAMENTO PESSOAL E FAMILIAR 20
- DICAS PARA AS FINANÇAS DE UM CASAL 23
- OS POTES DE DINHEIRO E SUA IMPORTÂNCIA 25
- DEFINA OS SEUS OBJETIVOS ANTES DE INVESTIR 29

CAPÍTULO 2:
INFORMAÇÕES E TERMOS QUE VOCÊ PRECISA CONHECER ANTES DE INVESTIR......................................35
- PERFIL DO INVESTIDOR 37
- INFLAÇÃO 40
- SELIC 41
- CDI 42
- FGC – FUNDO GARANTIDOR DE CRÉDITOS 42

INVESTIDOR QUALIFICADO – IQ 44
TRIPÉ DOS INVESTIMENTOS.....................................44
PRAZO DOS SEUS INVESTIMENTOS 47
RENDA FIXA 48
TIPOS DE REMUNERAÇÃO EM RENDA FIXA.............49
OS TRÊS PRINCIPAIS RISCOS EM SEU INVESTIMENTO 52
MARCAÇÃO A MERCADO...53
RENDA VARIÁVEL..54
VAMOS APRENDER O BÁSICO
DE MATEMÁTICA FINANCEIRA? 55

CAPÍTULO 3:
MAPA DOS INVESTIMENTOS 63
ALGUNS PONTOS IMPORTANTES
SOBRE ESSE MAPA 66

CAPÍTULO 4:
RENDA FIXA 69
EMPRESTANDO DINHEIRO PARA O
GOVERNO ATRAVÉS DO TESOURO DIRETO 71
EMPRESTANDO DINHEIRO PARA OS BANCOS
OU FINANCEIRAS ATRAVÉS DE TÍTULOS 83
EMPRESTANDO DINHEIRO PARA
AS EMPRESAS ATRAVÉS DE TÍTULOS 89

CAPÍTULO 5:
RENDA VARIÁVEL 101
AÇÕES 103
FIIS – FUNDOS DE INVESTIMENTOS IMOBILIÁRIOS 133

CAPÍTULO 6:
FUNDOS DE INVESTIMENTOS 151
FUNDOS DE RENDA FIXA 153
FUNDOS MULTIMERCADOS 154
FUNDOS CAMBIAIS 156
FUNDOS DE AÇÕES 157
FUNDOS IMOBILIÁRIOS 158
CUSTOS DE INVESTIR EM FUNDOS 159
ONDE ENCONTRAR BOAS OPÇÕES 160

CAPÍTULO 7:
PREVIDÊNCIA PRIVADA 163
VGBL OU PGBL? 165
PRINCIPAIS TAXAS 167
REGIME DE TRIBUTAÇÃO 168
TIPOS DE RENTABILIDADE 170
PASSO A PASSO PARA ESCOLHER UM PLANO 171

AS 4 DICAS PARA TER O MELHOR DA
PREVIDÊNCIA PRIVADA 171
ACOMPANHAMENTO PERIÓDICO
DA SUA PREVIDÊNCIA 172
PORTABILIDADE EM PLANOS DE PREVIDÊNCIA 174

CAPÍTULO 8:
DIFERENÇAS ENTRE BANCOS E CORRETORAS 179
BANCOS 181
CORRETORAS 182

CAPÍTULO 9:
COMO MONTAR SUA CARTEIRA
DE INVESTIMENTOS...187
COMO MONTAR SUA CARTEIRA
DE INVESTIMENTOS – PASSO 1 189
COMO MONTAR SUA CARTEIRA
DE INVESTIMENTOS – PASSO 2 189
COMO MONTAR SUA CARTEIRA
DE INVESTIMENTOS – PASSO 3 190
COMO MONTAR SUA CARTEIRA
DE INVESTIMENTOS – PASSO 4 197
MANUTENÇÃO PERIÓDICA DA CARTEIRA 198

CAPÍTULO 1: PRIMEIROS PASSOS PARA INICIAR NO MUNDO DOS INVESTIMENTOS

NÃO HESITE: INVISTA!

O investimento é a melhor maneira de fazer com que seu dinheiro se multiplique e trabalhe para você ao longo dos anos. Quando escolhe boas aplicações financeiras, você tem uma vantagem enorme, já que o seu rendimento será maior e precisará de menos tempo e/ou dinheiro para conseguir acumular mais recursos e realizar todos os seus sonhos, como uma aposentadoria tranquila, a compra de uma casa nova, um carro e assim por diante.

Existem diversos produtos de renda fixa e de renda variável que você pode escolher para que o seu retorno seja maior e mais estável. Na renda fixa, aplicações como CDB, LCI, LCA e debêntures (não se preocupe, falaremos mais sobre essas siglas adiante!) são muito procuradas e, quando bem escolhidas, costumam gerar rendimentos bastante atrativos aos investidores. Existem ainda os fundos de investimentos, que também podem obter rentabilidades muito interessantes. O investidor mais arrojado ainda tem à sua disposição o mercado de renda variável com uma vasta gama de empresas, cujas ações e cotas são negociadas na Bolsa de Valores e que podem ser ótimas opções, principalmente em longo prazo.

Via de regra, uma das lições mais importantes para os investidores é a diversificação. Colocar todo seu dinheiro em um único investimento costuma ser uma estratégia ruim, porque você corre mais riscos e seus ganhos ficam limitados a um único produto ou classe de ativos. Já quando opta por uma alocação de recursos diversificada entre renda fixa, renda variável e fundos, seu risco é mitigado e seus rendimentos tendem a ser mais estáveis e consistentes, especialmente no longo prazo.

A IMPORTÂNCIA DO ORÇAMENTO PESSOAL E FAMILIAR

Para transformar sonhos em realidade, é preciso estabelecer metas claras e objetivas, que geralmente necessitam de recursos financeiros para que sejam atingidas. Dessa forma, controlar o orçamento pessoal ou familiar é vital. Para um bom planejamento financeiro, é imprescindível que toda a movimentação de recursos, incluindo todas as receitas, despesas e investimentos, esteja organizada.

Isso inclui a participação e o comprometimento de cada membro da família, considerando os diferentes perfis de comportamento financeiro de seus integrantes.

É um instrumento para desenvolver e incorporar novos hábitos à rotina, além de representar uma alternativa para gerenciar o seu patrimônio. Contudo, nem todos alcançam os resultados almejados.

O planejamento definido a partir do orçamento familiar é um impulso importante na realização dos seus planos e pode oferecer muito mais liberdade para investir recursos em algo, como um bom imóvel, boas escolas para os filhos ou mesmo para você, ou ainda aquela viagem dos sonhos.

Entretanto, a maior parte das pessoas não atinge os resultados almejados. Nessas situações, o motivo pode ser um orçamento executado sem disciplina ou sem comprometimento necessário, por exemplo. Mas com alguns ajustes é possível corrigir os principais problemas e obter, a partir daí, bons resultados.

É importante saber que não basta apenas anotar todos os gastos e receitas, mas sim entender para onde estão indo esses gastos e, a partir disso, definir como serão redirecionados

ELABORAR O ORÇAMENTO FAMILIAR EXIGE DISCIPLINA, UM DETALHE EXTREMAMENTE IMPORTANTE PARA LIDAR MELHOR COM A VIDA FINANCEIRA DENTRO DE CASA.

os gastos e investimentos do orçamento. O passado não é possível mudar, mas o futuro você pode planejar!

DICAS PARA AS FINANÇAS DE UM CASAL

É natural que a maioria dos casais tenha discussões em suas relações devido a problemas causados pelo dinheiro, sejam por gastos feitos em excesso ou até mesmo pela falta do dinheiro propriamente dito. Uma pesquisa realizada pelo SPC/SERASA em todas as capitais e mais algumas cidades do interior concluiu que 37,5% dos casais têm brigas relacionadas à falta de planejamento financeiro.

Pensando nisso, separei algumas dicas que podem ajudar nesses casos:

CONVERSE SOBRE DINHEIRO

Esse tema deve ser tratado de uma forma tão normal quanto combinar uma saída para jantar. O ideal ainda é que esse hábito esteja presente desde o início do relacionamento. Saber quanto cada um ganha e quanto gasta é extremamente importante para um relacionamento saudável.

DECIDAM JUNTOS SOBRE O ORÇAMENTO E AS DESPESAS

Planejar passeios, viagens e compras a dois são oportunidades para falar sobre dinheiro e, nessas situações, o foco deve ser sempre a relação entre custo e benefício de cada gasto. O ideal é que todos os gastos sejam discutidos pelo casal, de modo que faça ponderações para entrar em um acordo, não importando se um tem mais renda que outro. E, claro, é interessante ainda que cada cônjuge tenha um valor mensal que possa gastar da forma que desejar sem dar explicações.

A DIVISÃO DAS DESPESAS DEVE SER CONFORTÁVEL PARA AMBOS

Não existe uma regra pronta que trate desse assunto, mas o ideal é que o casal tenha suas receitas e despesas de maneira única, assim as despesas são pagas em conjunto e não apenas por uma pessoa. Enquanto no namoro esse assunto pode ser tratado de maneira mais flexível, durante um noivado ou a partir do momento em que o casal decide viver junto, o ideal é que o orçamento seja unificado, tanto nas receitas, quanto nas despesas.

PREPAREM-SE PARA SITUAÇÕES IMPREVISTAS

Assim como uma pessoa cria sua reserva de emergência, é importante que o casal também tenha uma reserva de emergência com base em suas despesas. Essa reserva só deve ser usada em casos de emergência, como perda de renda e problemas com saúde, entre outras despesas não planejadas.

OS POTES DE DINHEIRO E SUA IMPORTÂNCIA

Os potes de dinheiro estão presentes na vida dos investidores inteligentes, desde aquele que tenha mil reais até outro que tenha 1 milhão de reais. A ideia dos potes de dinheiro é ajudar a organizar os investimentos conforme seus objetivos de vida, além de mostrar que, em certos momentos, os tipos de investimentos usados devem ser diferentes conforme a situação, independentemente do seu perfil de investidor.

RESERVA DE EMERGÊNCIA

A reserva de emergência, também conhecida como fundo de emergência, é uma quantia que guardamos para evitar que gastos imprevistos afetem nosso orçamento.

Como, por exemplo, uma despesa médica, um problema no carro ou até uma situação de desemprego, situações nas quais uma reserva de emergência pode ser muito útil e salvar você de ter que fazer um empréstimo no banco.

O ideal é que você tenha uma reserva de seis vezes a sua despesa mensal. Por exemplo: imagine que a sua despesa mensal total seja de 3 mil reais. Então, nesse caso, você deveria ter uma reserva de emergência no valor de 18 mil reais.

Importante ressaltar que essa reserva deve estar investida em alguma aplicação conservadora e com liquidez. Falaremos sobre essas opções nos capítulos a seguir.

Para calcular a sua reserva de emergência, o primeiro passo é descobrir a sua despesa mensal individual (ou da sua família, caso seja um orçamento familiar).

Feito isso, você deve multiplicar esse valor por um número conforme a sua fonte de renda.

- Caso seja funcionário público ou aposentado, multiplique a despesa mensal por 3;
- Caso se enquadre como funcionário CLT, multiplique por 6;
- Ou se você é autônomo, profissional liberal ou empresário, multiplique por 12.

Vamos a um exemplo? Se você tem despesa mensal de 2 mil reais e é assalariado de empresa privada, multiplique esse valor por 6. Então chegará a um valor de 12 mil reais.

Mais adiante, irei dar dicas de onde deixar esse valor investido.

RESERVA DA LIBERDADE FINANCEIRA

A reserva da liberdade financeira pode ser entendida como uma reserva de aposentadoria também, mas a função dela não se limita a isso. Essa reserva também tem o mesmo objetivo da independência financeira, ou seja, ajudar você a acumular um valor necessário para que pague mensalmente juros reais suficientes para cobrir as suas despesas. Então quer dizer que, assim, você não teria mais que trabalhar? Quase isso, porque, a partir desse ponto, você não teria mais que trabalhar para pagar as suas despesas, mas, sim, fazer coisas que realmente você gostaria de fazer. Exemplos? Viajar o mundo, abrir aquele negócio dos sonhos e se dedicar a projetos que ama, entre várias outras coisas.

No Brasil, a maioria das pessoas ainda depende apenas da Previdência Social e da ajuda de familiares para se manter financeiramente após a aposentadoria. Se esses não são seus planos e se você pretende manter o seu estilo de vida sem adquirir dívidas depois que parar de trabalhar, é preciso planejar a sua aposentadoria. Aliás, você deve começar isso logo, pois se recomenda guardar dinheiro para esse fim assim que iniciar a vida profissional.

RESERVA DE SONHOS E AQUISIÇÕES

Se você já tem a sua reserva de emergência e contribui para a sua reserva de aposentadoria e ainda sobra recursos, então, você pode destinar esse dinheiro para a sua reserva de sonhos e aquisições. Essa reserva serve para você alocar recursos que serão destinados a uma viagem planejada, à compra ou troca do seu veículo e até mesmo à compra ou troca da sua moradia.

O ideal é que você separe os valores destinados a cada objetivo para evitar confusão em seu orçamento. Por exemplo, separe o valor destinado a uma viagem que vai acontecer daqui a dois anos dos valores destinados para a troca da sua moradia.

No último capítulo deste livro, você encontrará um passo a passo sobre como montar a sua carteira de investimentos, baseada nas três reservas aqui mencionadas, e onde aplicar esses valores.

DEFINA OS SEUS OBJETIVOS ANTES DE INVESTIR

As dúvidas mais comuns na hora de investir são: onde investir? Qual o melhor investimento? Se você já teve essas dúvidas, saiba que você está junto com a maioria das pessoas, e não tem nada de errado nisso.

Quando compramos um carro, uma casa, uma bicicleta ou até mesmo um celular, é porque temos um objetivo com aquilo, certo? Nos investimentos, não deve ser diferente.

O ideal é que você deixe claro quais são os seus objetivos e então os transforme em investimentos. Com isso, você terá um investimento para cada objetivo de vida de acordo com a sua realidade.

Por exemplo, imagine que você deseja realizar uma viagem para a Europa, isso deve ser transformado em um objetivo específico para então buscar o melhor investimento para essa viagem. Ou, ainda, você pretende ter a sua liberdade financeira, que também deverá ser transformada em objetivo claro, para então escolher os melhores investimentos para tal finalidade.

Para definir um objetivo é muito simples, basta você seguir o exemplo:

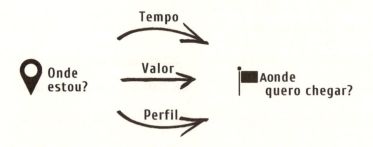

Primeiro você precisa definir onde você está e aonde pretende chegar. Exemplo: imagine que seu objetivo é uma viagem, então precisa saber quanto dinheiro possui hoje e quanto dinheiro você precisa para realizar a viagem.

Em seguida, você precisa definir três variáveis:

- **Tempo:** quanto tempo falta para seu objetivo acontecer.
- **Valor:** já possui todo o recurso ou vai poupar mensalmente?
- **Perfil:** qual seu perfil de investidor? (falaremos mais adiante sobre isso).

Para cada objetivo que você possui, faça esse exercício, que no decorrer da leitura deste livro ficará claro qual será o melhor investimento para cada objetivo.

Aqui, é importante ressaltar que o primeiro objetivo deve ser a reserva de emergência. Caso você tenha dívidas, o ideal é ter uma pequena reserva de emergência e focar primeiro em quitar suas dívidas para somente depois focar nos investimentos.

É HORA DE FIXAR O CONTEÚDO

1) Qual é o principal objetivo de um planejamento financeiro?
 a) Saber o quanto gastou no passado.
 b) Definir o quanto e para onde irão seus gastos e receitas.
 c) Ter controle das suas dívidas.
 d) Aprender com os erros.

2) Qual é a alternativa correta em relação ao planejamento financeiro em casal?
 a) A divisão de despesas deve ser confortável para ambos.
 b) Importante que tenham uma reserva para imprevistos.
 c) Programem as conquistas e despesas juntos.
 d) Todas as anteriores.

3) Nos potes de dinheiro, qual deve ser o primeiro a ser feito?
 a) Pote dos sonhos.
 b) Pote da reserva de emergência.

c) Pote das conquistas.

d) Pote da liberdade financeira.

4) Qual o objetivo da reserva de emergência?

a) Uma reserva para utilizar em imprevistos.

b) Uma reserva para utilizar em caso da perda de renda.

c) Uma reserva para utilizar em caso de problemas com saúde.

d) Todas as anteriores.

5) Como descobrir o valor ideal da sua reserva de emergência?

a) Multiplicando pelo valor da sua despesa mensal.

b) Multiplicando pela sua renda mensal.

c) Multiplicando pelo valor do seu investimento.

d) Multiplicando pela sua despesa com moradia.

6) Quais características o investimento da reserva de emergência deve ter?

a) Rentabilidade e baixo risco.

b) Prazo longo e liquidez.

c) Alta liquidez e segurança.
d) Curto prazo e alto risco.

7) Qual o principal objetivo da reserva da liberdade financeira?

a) Atingir 1 milhão de reais.
b) Ter ganhos superiores a 1% ao mês.
c) Ter um ganho real mensal o suficiente para pagar todas suas despesas mensais.
d) Garantir a aquisição da casa própria.

8) Por que devemos definir objetivos antes de investir?

a) Para entender qual o melhor investimento para tal objetivo.
b) Para não cair nas armadilhas do mercado financeiro.
c) Pois para quem não sabe aonde quer chegar, qualquer caminho serve.
d) Todas as anteriores.

Gabarito: 1b; 2d; 3b; 4d; 5a; 6c; 7c; 8d.

CAPÍTULO 2: INFORMAÇÕES E TERMOS QUE VOCÊ PRECISA CONHECER ANTES DE INVESTIR

SÓ INVISTA EM ALGO QUE VOCÊ CONHEÇA BEM.

Antes de iniciar este capítulo, quero que você grave uma frase cuja autoria desconheço, mas que pode muito bem ser entendida como uma regra em termos de investimentos:

"SÓ INVISTA EM ALGO QUE VOCÊ CONHEÇA BEM."

Ao longo desta parte do livro, irei abordar alguns temas e siglas extremamente importantes de entender para que um investimento se enquadre nos seus objetivos, de forma que você também compreenda melhor o verdadeiro significado da frase acima.

PERFIL DO INVESTIDOR

O primeiro passo antes de fazer qualquer aplicação é descobrir qual o seu perfil de investidor. Ter uma noção clara dos seus objetivos com o dinheiro aplicado, bem como os prazos e riscos que está disposto a correr, ajuda a delimitar se você é conservador, moderado ou agressivo. Com isso em mente, será mais fácil escolher o investimento que atenderá mais adequadamente aos seus objetivos. Importante entender que o seu perfil de investidor pode mudar ao longo da vida, conforme os seus objetivos mudam.

INVESTIDOR CONSERVADOR

Possui a segurança como referência para as suas aplicações, assumindo os menores riscos possíveis. Em razão da sua baixa tolerância ao risco, mantém em sua carteira um percentual reduzido de produtos de renda variável, dando preferência aos produtos de renda fixa. Possui como objetivo a preservação de seu patrimônio. Realiza investimentos sólidos e que buscam retorno a longo prazo. O foco principal não é a rentabilidade, mas sim a segurança dos seus investimentos.

INVESTIDOR MODERADO

Para o investidor moderado, a segurança é importante, mas ele busca retornos maiores, aceitando, portanto, assumir algum risco. Aceita que parte de seu patrimônio seja alocada em renda variável e o restante em aplicações mais estáveis. Além disso, preza pela busca de ganhos em médio e longo prazos. Esse investidor entende que pode haver pequenas oscilações negativas em seu investimento.

INVESTIDOR AGRESSIVO

Esse perfil está associado ao cliente que possui total conhecimento e amplo domínio do mercado de capitais. Busca retornos muito expressivos no curto prazo, suportando quaisquer riscos. Tal modalidade de investidor realiza as chamadas operações "alavancadas", ciente das chances de perda não só dos recursos investidos na operação, como, porventura, outros que tenham sido alocados em outros investimentos. Esse investidor entende muito bem o conceito de volatilidade no mercado e como isso afeta seus investimentos.

ANÁLISE PERIÓDICA DA CARTEIRA

Importante fazer uma análise periódica de adequação da sua carteira ao seu perfil de risco. Isso porque, com o passar do tempo, o rendimento dos ativos pode fazer com que a carteira fique desequilibrada e perca aderência ao seu modo de investir.

QUANTO MAIS ENTENDIMENTO SOBRE O MERCADO FINANCEIRO, MAIS AGRESSIVO TENDE A SER O SEU PERFIL DE INVESTIDOR.

INFLAÇÃO

A inflação, tecnicamente, é representada por um índice (IPCA) que mede como os preços, de maneira geral, estão variando na economia. Essa variação é representada em porcentagem e diz respeito à média dos preços em determinado período – preste atenção ao plural: "variação média dos preços", ou seja, de vários produtos, e não de apenas um (como o tomate, por exemplo).

É a inflação que explica o motivo pelo qual temos a sensação de que nosso dinheiro se desvaloriza ao longo do tempo. Então, é de extrema importância possuir investimentos que rendam no mínimo a inflação acumulada em determinado período. Podemos dizer, ainda, que o retorno obtido acima da inflação são os juros reais. E quanto maiores forem os juros reais, mais o seu dinheiro trabalha a seu favor.

PODEMOS DIZER QUE A INFLAÇÃO É O AUMENTO CONSTANTE E GENERALIZADO DO NÍVEL DE PREÇOS.

SELIC

A taxa SELIC é conhecida como a taxa básica de juros da economia no Brasil e serve como referência para todas as taxas do mercado. Umas das principais atribuições da taxa Selic é controlar a inflação no país, pois, em caso de inflação muito alta ou muito baixa, o país não tem crescimento saudável.

O governo define a taxa Selic Meta a cada 45 dias através do COPOM (Comitê de Política Monetária).

Nos investimentos, a Selic é uma das principais referências para aplicações pós-fixadas. Um exemplo é o Tesouro Selic, que tem a rentabilidade atrelada à taxa Selic. O CDI também é definido com base na taxa Selic.

NÃO CONFUNDA TAXA SELIC COM TESOURO SELIC. POIS A TAXA SELIC É UMA TAXA DEFINIDA COMO SENDO A TAXA BÁSICA DE JUROS DA ECONOMIA. JÁ O TESOURO SELIC É UM TIPO DE APLICAÇÃO QUE TEM COMO RENTABILIDADE A TAXA SELIC OVER.

CDI

O CDI foi criado para lastrear as operações de curtíssimo prazo entre os bancos. Para o investidor, o importante é saber que o CDI funciona como uma taxa de referência na renda fixa. Essa taxa oscila sempre muito próxima da Selic. A maioria das aplicações de renda fixa pós-fixadas referencia a rentabilidade no CDI.

PODEMOS DIZER QUE O CDI E A SELIC SÃO COMO SE FOSSEM A TABELA FIPE DOS INVESTIMENTOS, POIS SÃO USADOS COMO REFERÊNCIAS NA MAIORIA DAS APLICAÇÕES CONSERVADORAS.
NO ENTANTO, A SELIC É REFERÊNCIA PARA TÍTULOS PÚBLICOS E O CDI PARA TÍTULOS PRIVADOS.

FGC – FUNDO GARANTIDOR DE CRÉDITOS

O FGC foi criado em 1995 como uma forma de reduzir o risco dos pequenos investidores em caso de intervenção, liquidação ou falência de uma instituição financeira.

Ele garante aplicações até o limite de R$ 250 mil por CPF e instituição financeira, limitado a R$ 1 milhão. Caso o investidor tenha um valor a aplicar superior aos R$ 250 mil, o ideal é dividir em vários bancos emissores. Desde 2018, com a mudança no FGC, o valor global de garantia do fundo por investidor é de R$ 1 milhão.

O FGC é administrado pelos próprios bancos, que contribuem com uma parcela de seus depósitos para compor o patrimônio do fundo. A associação dos bancos ao FGC é obrigatória pelo Banco Central do Brasil.

Exemplos de aplicações garantidas:
- Poupança
- CDB – certificado de deposito bancário
- LCI – letra de crédito imobiliário
- LCA – letra de crédito do agronegócio
- LC – letra de cambio
- RDB – recibo de depósito bancário
- Depósitos a vista (saldo parado na conta corrente em bancos tradicionais e digitais)
- LH – letra hipotecária

INVESTIDOR QUALIFICADO – IQ

Investidor qualificado é a pessoa física ou jurídica que possui mais de R$ 1.000.000,00 em investimentos no mercado financeiro e que ateste essa condição por escrito. Um dos principais benefícios dessa qualificação é que no mercado existem muitos investimentos que são permitidos somente para investidores qualificados. Mais adiante vou falar sobre eles.

TRIPÉ DOS INVESTIMENTOS

Existem três aspectos importantes relacionados aos investimentos e que influenciam diretamente nas nossas escolhas. O chamado tripé dos investimentos. São eles:

LIQUIDEZ

A velocidade com que você transforma um investimento em dinheiro. Imóveis tem menos liquidez que o Tesouro Selic, por exemplo.

RISCO

É a probabilidade de ocorrer algo diferente do esperado. Investir em ações tem mais risco do que o Tesouro

Selic. O risco ainda pode estar relacionado à oscilação dos preços ou até mesmo a perder dinheiro.

RENTABILIDADE

É o retorno que um determinado investimento pode nos oferecer em função do tempo. Investimentos em ações podem dar mais rentabilidade do que o Tesouro Selic. Nos investimentos, sempre tratamos a rentabilidade como juros.

Não é possível, a nenhum investimento, oferecer as três possibilidades, mas se pode obter até duas delas. Sempre que combinamos duas opções, a terceira será "ruim", por exemplo: investir em ações pode trazer rentabilidade e liquidez para você, mas o risco será alto, por outro lado, investir no Tesouro Selic traz liquidez e baixo risco, porém rentabilidade baixa.

SE ALGUÉM OFERECER A VOCÊ UM INVESTIMENTO QUE TENHA ALTA RENTABILIDADE, BAIXO RISCO E ALTA LIQUIDEZ, DESCONFIE, POIS ALGO ESTÁ MUITO ERRADO.

PRAZO DOS SEUS INVESTIMENTOS

Existem três conceitos em relação ao prazo dos seus investimentos que você precisa saber, pois eles estão presentes em todos esses investimentos:

CARÊNCIA

É o período em que você não pode resgatar o seu investimento. Por exemplo: um CDB pode ter carência de 1 ano após a data de aplicação, já um fundo pode ter carência de 30 dias a partir do momento em que você solicita o resgate.

VENCIMENTO

É quando de fato a sua aplicação vence. Se você não resgatar seu investimento até essa data, então terá o seu resgate feito automaticamente nesse dia.

LIQUIDEZ DIÁRIA

É um investimento que pode ser resgatado a qualquer momento, independentemente do seu prazo.

QUANTO MAIOR O VENCIMENTO DE UMA APLICAÇÃO, MAIOR TENDE A SER SUA RENTABILIDADE, MAS A

SUA RESERVA DE EMERGÊNCIA PRECISA ESTAR EM UMA APLICAÇÃO QUE TENHA LIQUIDEZ DIÁRIA.

RENDA FIXA

Renda fixa não é o nome de um investimento específico, mas, sim, de uma classe de ativos com a mesma característica, que é quando o investidor já sabe o que ou quanto irá receber de juros pelo seu investimento. Quando um investidor adquire um título de renda fixa, ele se torna uma espécie de credor da instituição que emitiu aquele ativo, emprestando o seu dinheiro em troca de uma remuneração. E quanto maior o risco por esse empréstimo, maior tende a ser sua rentabilidade.

Ao investir em renda fixa, você está emprestando seu dinheiro em troca de rentabilidade. Os três principais emissores são: governo, bancos e empresas. Ou seja, você empresta o seu dinheiro a um deles, conforme o tipo de renda fixa que investiu. Exemplos: investir no Tesouro Selic é o mesmo que emprestar dinheiro ao governo, já investir em debêntures é o mesmo que emprestar dinheiro a uma empresa.

TIPOS DE REMUNERAÇÃO EM RENDA FIXA

Cada investimento de renda fixa oferece um tipo de rentabilidade, que pode ser pós-fixada, pré-fixada ou híbrida (uma mistura de ambas). Entenda cada uma delas:

PÓS-FIXADA

Nesse caso, a rentabilidade do investimento é baseada em alguma taxa de referência. A principal taxa utilizada como referência é o CDI (Certificado de Depósito Interbancário), que está sempre muito próxima da Selic (taxa básica de juros). Isso quer dizer que o investidor não sabe exatamente qual será a sua rentabilidade, mas sabe que ela será igual ao índice de referência do período. Esse tipo de rentabilidade é sugerido para investimentos com objetivos de curto prazo, como a reserva de emergência.

PRÉ-FIXADA

O investimento apresenta uma taxa pré-definida que o investidor já sabe no momento da compra. Por exemplo: CDB que paga 10% ao ano. Nesse caso, o investidor vai receber exatamente essa taxa de retorno até o vencimento do título.

Ideal para momentos em que a taxa de juros futura esteja alta e você consiga fixar a rentabilidade. A taxa de juros futura tende a ficar alta nos momentos em que o Brasil está com seu risco alto. Exemplo de casos: descoberta de corrupção no governo, escândalos envolvendo pessoas importantes do poder público, momentos próximos a uma eleição presidencial em que um candidato "ruim" está na frente em pesquisas eleitorais.

HÍBRIDA

É a combinação de uma taxa pós-fixada com uma taxa fixa no momento da aplicação. Nesse caso, o investidor recebe uma taxa pós-fixada (normalmente algum índice de inflação, como o IPCA ou o IGP-M) acrescida de uma taxa pré-fixada determinada na hora da compra do título. É o tipo mais sugerido para sua reserva da liberdade financeira ou aposentadoria, pois está protegido de altas da inflação.

NÃO EXISTE O MELHOR TIPO DE RENTABILIDADE, MAS SIM A MAIS ADEQUADA AOS SEUS OBJETIVOS DE INVESTIMENTOS.

OS TRÊS PRINCIPAIS RISCOS EM SEU INVESTIMENTO

Quando falamos de risco, a maioria das pessoas já pensa que está relacionado a perder dinheiro. Por isso, quero falar sobre os três principais riscos presentes em seus investimentos:

RISCO DE CRÉDITO

É o risco de "default" ou "calote" do emissor. Quando você adquire um título de renda fixa é como se emprestasse dinheiro para o emissor do título em troca de uma remuneração. O risco é de não haver pagamento por parte da instituição por diversos motivos possíveis, como falta de recursos ou mesmo uma intervenção do Banco Central.

Para se prevenir, você deve avaliar o *rating* do título, muitas vezes analisado por agências de classificação de risco. Quanto maior o *rating*, menor a chance de o emissor não honrar com aquele compromisso.

RISCO DE MERCADO

É o risco de oscilação de preços do investimento, que pode trazer retornos positivos ou negativos para o investidor. As ações têm risco de mercado porque o preço dos papéis muda a todo momento, a cada negociação feita na Bolsa de Valores. Já as aplicações de renda fixa apresentam risco de mercado quando o investidor opta por vender o título antes do seu vencimento. Exemplos: resgatar o Tesouro pré-fixado antes do vencimento pode gerar rentabilidade negativa. Na venda de um imóvel, estamos expostos a esse risco quando não encontramos uma oferta de compra ao preço que realmente vale o imóvel.

RISCO DE LIQUIDEZ

É a dificuldade de transformar o investimento em dinheiro novamente sem perda de valor. Por exemplo: investimentos em imóveis têm mais riscos de liquidez do que investir no Tesouro Selic, pois vender um imóvel pode levar mais tempo do que imaginamos.

A LIQUIDEZ DOS SEUS INVESTIMENTOS É UM DOS PONTOS MAIS IMPORTANTES NA HORA DE DECIDIR ONDE APLICAR.

MARCAÇÃO A MERCADO

Marcar a mercado, ou precificar os títulos, significa atualizar diariamente o valor dos títulos que compõem uma carteira de investimentos ao preço de negociação do dia. Ou seja, o valor do título deve refletir o que seria obtido caso esse mesmo título fosse vendido naquele dia.

A marcação a mercado existe para evitar a transferência de riquezas entre cotistas, assim, todo investidor, independentemente do volume investido, terá ofertas iguais.

ESSE INSTRUMENTO FAZ COM QUE O PREÇO DE ALGUNS TÍTULOS DO TESOURO TENHA QUEDA DE UM DIA PARA O OUTRO, MAS ISSO NÃO SIGNIFICA QUE VOCÊ ESTEJA PERDENDO DINHEIRO!

RENDA VARIÁVEL

Ativos de renda variável são aqueles cuja remuneração ou retorno de capital não pode ser dimensionado no momento da aplicação, podendo variar positivamente ou negativamente, de acordo com as expectativas do mercado.

Nos ativos de renda variável, percebe-se uma grande oscilação que ocorre diariamente, porém, a longo prazo, as chances de terem retornos maiores em relação à renda fixa é alta.

Mais adiante, vou explicar em detalhes como funcionam os investimentos em renda variável.

> **INVESTIMENTOS EM AÇÕES NÃO POSSUEM RISCO DE CRÉDITO, POIS VOCÊ SE TORNA SÓCIO DA EMPRESA E NÃO CREDOR.**

VAMOS APRENDER O BÁSICO DE MATEMÁTICA FINANCEIRA?

O QUE SÃO OS JUROS?

Juros são os rendimentos que se obtêm quando se empresta dinheiro por um determinado período. Podemos ainda dizer que é uma compensação pelo tempo que ficará sem utilizar o dinheiro que foi emprestado.

Naturalmente, queremos mais juros se o risco pelo empréstimo for maior.

JUROS SIMPLES X JUROS COMPOSTOS

Juros simples nos investimentos é quando você recebe juros apenas pelo valor inicialmente investido. Essa opção praticamente não é utilizada.

Juros compostos nos investimentos é quando você recebe juros pelo valor inicialmente investido e mais juros sobre os juros que já renderam. Todos os dias você recebe juros com base no saldo do dia anterior. No começo pode parecer que não há muita diferença, mas no longo prazo o poder dos juros compostos pode ajudar você a criar uma fortuna de dinheiro, basta deixar o tempo trabalhar a seu favor.

A IMPORTÂNCIA DOS JUROS REAIS

A taxa nominal é a taxa declarada de uma operação financeira (é o quanto ela rendeu). Já a taxa de juros real, por sua vez, é a taxa nominal descontada da inflação. Ou seja, é quanto um investimento rende acima da inflação.

Olhar para a taxa real dos investimentos é extremamente importante, pois é a taxa real que realmente vai fazer o seu poder de compra aumentar ao longo do tempo. Deixar dinheiro na poupança, na maioria das vezes, acaba gerando juros reais negativos, ou seja, você perde poder de compra com o passar do tempo.

Como avaliar se estou ganhando bem ou não?

Podemos dizer que isso é simples de se fazer, mas você precisa entender que, para avaliar como está a *performance* do seu investimento, você precisa compará-lo com alguma taxa, como o CDI, por exemplo.

Se o seu investimento está rendendo 7% ao ano e o CDI está cotado em 7% ao ano, significa que você está ganhando 100% do CDI, entendeu? Isso pode ser bom. Mas caso o seu investimento esteja rendendo um percentual abaixo do CDI (isso ocorre com a poupança, algumas previdências e CDBs em grandes bancos), você está com um investimento ruim. Exemplo: a sua Previdência Privada rende 5% ao ano e o CDI está cotado em 7% ao ano. Nesse caso, você está ganhando apenas 71% do CDI (o que não é nada bom).

É HORA DE FIXAR O CONTEÚDO

1) Qual o primeiro passo antes de escolher investimentos?

a) Saber o quanto de rentabilidade vai ter.

b) Descobrir o seu perfil do investidor.

c) Verificar a segurança do investimento.

d) Pedir dica para alguém na *Internet*.

2) A inflação pode ser entendida como?

a) O custo do dinheiro.

b) Alta generalizada do nível de preços.

c) O ganho real que o investimento possui.

d) Uma medida usada para calcular o risco da aplicação.

3) Qual indicador é utilizado para acompanhar a inflação?

a) IGPM.

b) IPCA.

c) Selic.

d) INCC.

4) Qual delas é considerada a taxa básica de juros da economia?
a) CDI.
b) IPCA.
c) Selic.
d) Ibovespa.

5) O CDI (Certificado de Depósito Bancário) pode ser entendido como:
a) Um investimento conservador.
b) Uma taxa usada como referência para rentabilizar investimentos.
c) Taxa conservadora para CDB e LCA (letra de crédito imobiliário).
d) Um investimento de renda fixa.

6) Sobre o FGC (Fundo Garantidor de Crédito):
a) Garante rentabilidade nos investimentos de renda fixa.
b) Garante até R$ 250 mil por instituição e CPF, limitado a R$ 1 milhão.
c) Serve para dar segurança aos títulos do Tesouro Direto.
d) Todas acima.

7) O tripé dos investimentos é formado por:
a) Rentabilidade, segurança e dinheiro.
b) Liquidez, rentabilidade e risco.
c) Risco, renda fixa e renda variável.
d) Renda fixa, ações e fundos.

8) Renda fixa é o mesmo que:
a) Ter uma rentabilidade fixa.
b) Ter garantia de rentabilidade.
c) Emprestar dinheiro para alguém.
d) Investir de maneira arriscada.

9) Qual o valor mínimo para ser investidor qualificado?
a) R$ 300.000,00.
b) R$ 250.000,00.
c) R$ 1.000.000,00.
d) R$ 500.000,00.

10) O que significa ganho real nos investimentos?
a) Rentabilidade expressa em reais.
b) Rentabilidade total.
c) Rentabilidade total descontada a inflação do período.
d) Rentabilidade acima do CDI.

11) Qual a principal característica do risco de mercado?

a) Perder dinheiro.

b) Receber várias ofertas com valor abaixo do esperado.

c) Não conseguir vender seu investimento.

d) Todas acima.

12) Dentre todos os riscos, qual o mais comum nos investimentos?

a) Risco de crédito.

b) Risco de mercado.

c) Risco de liquidez.

d) Risco de imagem.

13) Defina risco de liquidez:

a) Perder dinheiro.

b) Não conseguir vender/resgatar seu investimento.

c) Não encontrar um preço justo.

d) Investimento render menos que o esperado.

Gabarito: 1b; 2b: 3b: 4c: 5b; 6b; 7b; 8c; 9c; 10c; 11b; 12b; 13b.

CAPÍTULO 3: MAPA DOS INVESTIMENTOS

MAPA DOS INVESTIMENTOS

INFLAÇÃO ⟶ SELIC ⟶ "FIPE"
CDI ⟶

RENDA FIXA
BANCOS
- Poupança
- CDB
- LCI/LCA

EMPRESAS
- CRI/CRA
- Debêntures

GOVERNO
- Títulos Públicos

RENDA VARIÁVEL
AÇÕES
- Futuros
- Opções
- Derivativos
- Commodities

FII
(Fundos de Investimentos Imobiliários)
- Tijolo
- Papel
- Híbrido

FUNDOS
- Renda Fixa
- Ações
- Cambial
- Internacional
- Multimercado

PREVIDÊNCIA PRIVADA
PGBL - VGBL
Progressivo / Regressivo
- Sucessão Patrimonial
- Longo Prazo
- Fundos
- Impostos Menores

ALGUNS PONTOS IMPORTANTES SOBRE ESSE MAPA

A taxa Selic é o principal meio utilizado para controlar a inflação no país. Essa mesma taxa também é utilizada como referência para os empréstimos que são feitos entre os bancos todos os dias, o que, consequentemente, dá origem à taxa CDI. Essas taxas servem como referências para você saber o quanto está ganhando de rentabilidade. Além desses, existem ainda outros indicadores que também podem ser usados como referências, como Ibovespa e IPCA, entre outros.

Podemos dizer que a taxa Selic e o CDI funcionam de forma similar à tabela FIPE do mundo dos investimentos. No entanto, a Selic é a "FIPE" dos investimentos públicos (Tesouro Direto) e o CDI é a "FIPE" dos investimentos privados (CDB, LCA e CRA, entre outros).

Como visto no mapa, existem apenas dois tipos de investimento: renda fixa e renda variável.

Nos investimentos em renda fixa, você já sabe no momento da aplicação o quanto ou o que você irá receber pela sua aplicação. Por exemplo: receber 8% ao ano ou 110% do CDI.

Nos investimentos em renda variável, você não sabe o quanto irá receber, pois seus ganhos estão diretamente ligados à variação de um ativo. Por exemplo: ao comprar uma ação da Petrobras, seu ganho ou prejuízo virá da valorização ou desvalorização da Petrobras. Os motivos que levam isso a acontecer, veremos mais adiante.

Ainda existem os chamados "veículos" de investimentos, como os fundos e a Previdência Privada. São investimentos comuns que encontramos nas corretoras e bancos. Existem vários benefícios, mas também taxas que podem inviabilizar esses tipos de investimento. O bacana deles é que permite você ter renda fixa e variável no mesmo investimento.

Um fundo de investimento é um tipo de aplicação financeira que reúne recursos de um conjunto de investidores (cotistas), com o objetivo de obter lucro com a compra e venda de títulos e valores mobiliários conforme a classificação do fundo. Vamos entender melhor cada tipo de investimento mais adiante.

A Previdência Privada é um excelente investimento, visando o longo prazo e a sucessão patrimonial. Possui vários benefícios em relação à tributação, mas ao mesmo tempo pode se tornar uma dor de cabeça se for escolhido o tipo errado de plano. Apesar de ser mal visto por muitos investidores devido às altas taxas embutidas pelos bancos, ainda existem ótimos planos nos mercados. Vamos entender melhor cada tipo mais adiante.

QUANDO VOCÊ INVESTE EM FUNDOS DE DETERMINADA CLASSE DE ATIVOS, ESTÁ REDUZINDO O RISCO ESPECÍFICO E AUMENTANDO AS SUAS POSSIBILIDADES DE RETORNO, ALÉM DE PODER CONTAR COM UM EXPERT DO MERCADO FINANCEIRO PARA FAZER ESSA DIVERSIFICAÇÃO PARA VOCÊ!

CAPÍTULO 4: RENDA FIXA

Já sabemos que investir em renda fixa é o mesmo que emprestar dinheiro para o governo, bancos ou empresas. Mas agora vamos conhecer cada tipo de investimento dentro dessas três opções.

EMPRESTANDO DINHEIRO PARA O GOVERNO ATRAVÉS DO TESOURO DIRETO

O Tesouro Direto é uma plataforma de investimentos do sistema financeiro federal, promovido desde 2002 pelo Tesouro Nacional em parceria com a B3, a Bolsa de Valores oficial do Brasil.

O grande objetivo do Tesouro Direto é dar acesso à negociação dos títulos públicos do Governo Federal para toda a população brasileira. Ou seja, é possível qualquer pessoa emprestar dinheiro para o governo e receber uma remuneração muito superior à poupança, por exemplo. Também há a possibilidade de optar por diferentes tipos de rentabilidade, sem contar que esse tipo de investimento é considerado o mais seguro do país.

Seja investindo um pouco, mês a mês, ou deixando uma quantia única, o seu patrimônio pode multiplicar por meio do Tesouro Direto. Planos que antes pareciam impossíveis, como a compra de um carro, a casa própria, uma viagem ao exterior e a garantia da faculdade dos seus filhos, podem se tornar realidade, caso haja boa organização e paciência.

Se você aplica uma parte do seu salário na poupança e tem medo de arriscar mais em outros investimentos, por achar que aquele dinheiro conquistado na base do suor irá por água abaixo, investir no Tesouro Direto é o próximo passo a seguir.

Mais à frente, vamos mostrar a prova de que os títulos públicos são uma forma excepcional de garantir boa rentabilidade e segurança para qualquer nível, prazo e objetivo de investimento. E certamente você não cometerá loucuras saindo da poupança.

TESOURO DIRETO É O NOME QUE SE DÁ AO LOCAL ONDE VOCÊ IRÁ COMPRAR E VENDER OS TÍTULOS PÚBLICOS!

Os títulos públicos foram elaborados pelo Governo Federal como uma forma de arrecadar dinheiro para financiar a Dívida Pública Federal, bem como as demais atividades governamentais que compõem o orçamento federal. Este determina para quais áreas e projetos os recursos captados serão distribuídos. Sim, é isso mesmo, você não entendeu errado. O governo federal usa o mercado financeiro e as movimentações financeiras das pessoas para obter recursos. Mas, ao emitir esses títulos públicos, a contrapartida do governo é beneficiar quem lhe empresta.

O raciocínio é simples: é como se os cidadãos emprestassem dinheiro e o governo se comprometesse a pagar essa quantia de volta, depois de um certo período, com juros acrescidos ao valor inicial "emprestado". Isto é, o poder público consegue, dessa forma, ter dinheiro disponível no caixa e fazer o dinheiro das pessoas renderem, beneficiando a economia do país, criando um ciclo de benefícios mútuos, tanto pela tentativa de manter as contas públicas saudáveis (e em dia) quanto por dar aos brasileiros a chance de rentabilizar seus patrimônios e aumentar o poder de compra. Ou seja, os dois lados ganham.

Antes de 2002, sem o Tesouro Direto, o acesso a títulos públicos era muito restrito. Apenas grandes instituições financeiras e empresas de maior relevância tinham permissão e direito de os negociar. Com o Tesouro Direto, pessoas que têm pelo menos 30 reais para investir já podem se beneficiar e rentabilizar seu dinheiro.

Ao ler sobre investimentos no Tesouro Direto, você pode se deparar com o termo "papéis" como sinônimo dos próprios títulos e investimentos que o Governo Federal disponibiliza. Esse é o jargão usado por economistas e investidores, pois, antigamente, os títulos públicos eram impressos como cédulas, indicando sua compra. Hoje, praticamente em tudo no mercado financeiro os processos são feitos de forma digital, de modo mais cômodo.

OS TIPOS DE TÍTULOS PÚBLICOS

TESOURO SELIC

É um título público pós-fixado que paga conforme a taxa Selic (a taxa básica de juros), recomendado para quem deseja utilizar o dinheiro no curto prazo ou como reserva de emergência (para eventuais despesas não esperadas). Com o menor risco dentre todas as opções, esses papéis podem ser retirados a qualquer momento sem prejudicar a sua rentabilidade.

- **Rendimento:** Taxa Selic Over.
- **Valor mínimo:** por volta de 105 reais.
- **Sugerido para:** reserva de emergência ou objetivos de curto prazo.

TESOURO PRÉ-FIXADO

Indicado para quem não necessita complementar a renda de imediato e pode deixar o dinheiro rendendo. O pagamento é feito de uma só vez assim que o vencimento chegar ou o título for vendido antecipadamente.

Caso o investidor queira vender antes do prazo final, o Tesouro pagará a rentabilidade conforme o valor de mercado na data vigente, e não baseado na rentabilidade contratada. Portanto, você pode perder dinheiro caso opte por isso. É por esse motivo que sempre se recomenda deixar a aplicação até o final para não correr esse risco.

- **Rendimento:** taxa definida no momento da aplicação.
- **Valor mínimo:** por volta de 35 reais.

- **Sugerido para:** ter rentabilidade fixa em momentos oportunos ou ter a certeza de quanto terá ao final do investimento.

TESOURO PRÉ-FIXADO COM JUROS SEMESTRAIS

Se você prefere utilizar os rendimentos para complementar a sua renda, sem ter que deixar o dinheiro aplicado por muito tempo, a opção de juros semestrais pode ser vantajosa. Ela garante pagamento semestral e antecipado da rentabilidade contratada no início. Claro que há um ponto a ser levado em consideração: se comparada a uma aplicação que ficará até o vencimento, a rentabilidade recebida a cada semestre é menor, pois você irá receber todos os meses os juros acumulados, fazendo com que os juros compostos não trabalhem a seu favor (como ocorre com a opção anterior).

- **Rendimento:** taxa definida no momento da aplicação.
- **Valor mínimo:** por volta de 35 reais.
- **Sugerido para:** ter rentabilidade fixa em momentos oportunos ou ter a certeza de quanto terá de juros ao final de cada semestre.

TESOURO IPCA

Investimento indicado para quem tem objetivos claros para o longo prazo, como renda extra para aposentadoria, compra de um imóvel ou estudos dos filhos. Ele funciona com uma taxa pré-fixada e o cliente também recebe o acréscimo da variação acumulada da inflação durante o período contratado.

Ou seja, esse investimento jamais poderá ser menor que a inflação. Portanto, você nunca perderá poder de compra.

- **Rendimento:** taxa definida no momento da aplicação mais a variação da inflação (IPCA).
- **Valor mínimo:** por volta de 37 reais.
- **Sugerido para:** reserva de aposentadoria ou reserva da liberdade financeira.

TESOURO IPCA COM JUROS SEMESTRAIS

Assim como os pré-fixados, essa modalidade também tem a possibilidade de efetuar o resgate do rendimento a cada semestre. É indicada para quem pensa no longo prazo, mas precisa de renda durante o período do investimento.

- **Rendimento:** taxa definida no momento da aplicação mais a variação da inflação (IPCA).

- **Valor mínimo:** por volta de 40 reais.
- **Sugerido para:** reserva de aposentadoria ou reserva da liberdade financeira, tendo os juros pagos a cada semestre.

CUSTOS PARA O INVESTIDOR

Dois custos que nunca irão variar no Tesouro Direto são: as cobranças da B3 e do imposto de renda. A B3 atualmente cobra 0,25% ao ano sobre o valor total dos títulos públicos em sua custódia.

O imposto de renda representa um custo mais significativo e sempre deve demandar atenção dos investidores no Tesouro. A tributação é regressiva, isto é, quanto mais tempo você deixar a aplicação, menos imposto pagará. Mais adiante, veremos uma tabela com as alíquotas de imposto de renda.

Existe ainda o IOF, imposto sobre operações financeiras que será cobrado sobre a rentabilidade se você resgatar o seu investimento antes de completar 30 dias.

QUAIS OS RISCOS ENVOLVIDOS?

Como em todo investimento, no Tesouro Direto não será diferente. Em determinados tipos de título, encontramos o risco de mercado. Vamos relembrá-lo?

Podemos dizer que o risco de mercado é a possibilidade de ocorrer oscilações nos preços dos títulos caso você precise vender antes do prazo estipulado.

A rentabilidade dos títulos só é garantida para quem carrega o papel até o vencimento. Quando ocorre uma venda antecipada, o título é vendido a preço de mercado, que é definido de acordo com as flutuações da Selic e das perspectivas futuras para a taxa básica de juros.

Os preços dos títulos públicos, portanto, flutuam, assim como os produtos de renda variável, só que em menor grau. O Tesouro Selic, nesse sentido, é o título mais conservador, pois geralmente valoriza, já que seu preço flutua conforme a Selic. Assim, na venda antecipada, o rendimento do investidor tende a ser positivo.

Já os títulos pré-fixados e atrelados à inflação podem flutuar para cima ou para baixo, dependendo do momento econômico. Perspectivas de alta para os juros tendem a desvalorizar esses papéis, enquanto perspectivas de queda tendem a valorizá-los. Quanto maior o prazo do título, maiores costumam ser as oscilações de preço.

Portanto, na hora da venda antecipada, você pode ter ganhos, mas também pode ter rendimentos negativos, e esse é o grande risco do Tesouro Direto.

Nesses casos, é mais aconselhável ficar com o título até o vencimento para garantir a rentabilidade contratada, não importando como os indicadores macroeconômicos estejam reagindo.

COMO INVESTIR E RESGATAR?

Antes de tudo, é importante ressaltar que, para investir no Tesouro Direto, é preciso ter conta em uma corretora de valores. Para abrir uma conta, você pode e deve fazer tudo *on-line* no *site* ou por meio do aplicativo da corretora. Para escolher uma corretora, pesquise no Google: "corretoras que não cobram taxas para investir no Tesouro", e aparecerão várias opções. Lembre-se de que a corretora serve apenas como uma "ponte" para levar o seu dinheiro até o Tesouro.

O seu acesso à plataforma do Tesouro Direto é criado automaticamente pela sua corretora no momento em que a sua conta é aberta.

Após ter uma conta em seu nome na corretora, você deverá fazer uma transferência de sua conta no banco para a conta na corretora. Atenção, as corretoras só aceitam transferências de mesma titularidade, ok?

A partir de agora, você tem duas opções para realizar uma

aplicação. Mas, antes, eu preciso dar uma dica para você: ao acessar a conta da corretora pela primeira vez, você terá que escolher uma senha para usar cada vez que entrar na conta e uma assinatura eletrônica que será utilizada para confirmar uma aplicação ou resgate. Ainda terá que responder a um questionário chamado *"suitability"*, que se refere ao perfil do investidor. É rápido, simples e muito importante.

Então, vamos lá! A primeira forma é acessar a conta da corretora, ir à opção Investimentos ou Renda Fixa, opção Tesouro Direto, escolher o título que deseja adquirir, clicar em investir, selecionar o valor e confirmar. Pronto! Você já investiu no Tesouro. Nesse caso, o valor será debitado de sua conta ao final do dia. Para resgatar um título, o processo é o mesmo e o crédito sempre acontece em sua conta no dia seguinte ao da solicitação de resgate (desde que faça até as 18 horas em dias úteis).

A segunda forma é você acessar a plataforma do Tesouro Direto (seu *login* e senha são enviados para você um dia útil depois da abertura da conta em corretora), escolher o título que deseja e clicar em comprar. Você pode selecionar de qual conta/corretora deseja que o débito seja feito. Para fazer um resgate, o processo é o mesmo. Lembrando-se de que, para fazer uma aplicação, você precisa ter o saldo disponível na conta/corretora no mesmo dia e, em caso de resgates, o crédito é feito na conta/corretora no dia útil seguinte. Não custa lembrar: o imposto devido já é retido na fonte no momento do resgate, então você não precisa se incomodar com isso posteriormente.

EMPRESTANDO DINHEIRO PARA OS BANCOS OU FINANCEIRAS ATRAVÉS DE TÍTULOS

Agora vamos entender sobre os principais ativos de renda fixa relacionados a bancos e financeiras.

POUPANÇA

A Poupança é um tipo de conta que você pode abrir em qualquer banco e que paga um rendimento mensal em cima do valor depositado. Ela funciona como um investimento, que se tornou muito famoso entre os brasileiros por causa de características como:

- Facilidade e segurança.
- Isenção de imposto de renda para pessoa física.
- Liquidez para sacar o dinheiro.

Mas nem tudo é vantagem nesse tipo de investimento. O rendimento da Poupança, que deveria ser um ponto a seu favor, é o seu principal ponto negativo.

A Poupança possui baixa rentabilidade mensal, com pouca diferença da inflação e bem inferior a vários outros investimentos do mercado.

CDB – CERTIFICADO DE DEPÓSITO BANCÁRIO

O CDB é um título que os bancos emitem para conseguir mais dinheiro para financiar as suas principais atividades. Ao adquirir um CDB, o investidor está efetuando uma espécie de empréstimo para a instituição bancária em troca de uma rentabilidade definida no momento da aplicação.

Normalmente, o CDB tem rentabilidade pós-fixada atrelada ao CDI (Certificado de Depósito Interbancário), mas também pode ser pré-fixado ou até mesmo ter rentabilidade híbrida.

É importante saber que os CDBs de grandes bancos pagam uma rentabilidade muito menor quando comparados a CDBs emitidos por bancos menores. Isso acontece porque os maiores bancos do país não encontram dificuldades em conseguir clientes para seus produtos, mesmo que eles não sejam muito vantajosos financeiramente. Além disso, por terem um risco de crédito menor, esses bancos aproveitam para oferecer um retorno baixo aos seus clientes.

Existem muitos CDBs com liquidez diária (que podem ser resgatados a qualquer momento). Eles são ideais para aquele dinheiro usado na reserva de emergência. Também existem CDBs que permitem resgate apenas em dois, três anos ou mais, e que podem pagar uma rentabilidade maior por conta disso.

É importante ressaltar ainda que o CDB possui cobertura do FGC.

LCI E LCA - LETRA DE CRÉDITO IMOBILIÁRIO/ LETRA DE CRÉDITO DO AGRONEGÓCIO

A Letra de Crédito Imobiliário (LCI) é um título de renda fixa emitido pelos bancos e lastreado por empréstimos imobiliários. Já a Letra de Crédito do Agronegócio (LCA) é um produto parecido, mas o seu lastro está nos créditos do agronegócio. Os dois títulos costumam ter rendimento pós-fixado atrelado ao CDI (Certificado de Depósito Interbancário), mas também podem ser pré-fixados ou ter rentabilidade híbrida.

Entre as principais características dessas duas aplicações está o fato de ambas serem isentas de IR (imposto de renda) para pessoas físicas. Então, todo rendimento que o investidor tem é creditado na conta sem desconto de IR, enquanto em outras aplicações de renda fixa há cobrança de IR pela tabela regressiva.

É importante ressaltar ainda que a LCI e LCA possuem cobertura do FGC.

LC - LETRA DE CÂMBIO

Letra de Câmbio é um instrumento de captação de recursos das financeiras, com o objetivo de financiar suas atividades. Você empresta dinheiro às financeiras em troca de uma rentabilidade definida no momento da aplicação, que pode ter rendimento pós-fixado atrelado ao CDI (Certificado de Depósito Interbancário), mas também pode ser pré-fixado ou então ter rentabilidade híbrida.

É importante ressaltar ainda que a LC possui cobertura do FGC.

LF - LETRA FINANCEIRA

Letra Financeira é um instrumento de captação de recursos exclusivo das instituições financeiras. Possui prazos mínimos de 2 anos (sênior) e 5 anos (subordinada). É vedado resgate total ou parcial antes do vencimento, porém pode ser negociada no mercado secundário.

O investimento mínimo é de R$ 150 mil (sênior) ou R$ 300 mil (subordinada) e a remuneração pode ser pós-fixada atrelada ao CDI (Certificado de Depósito Interbancário), mas também pode ser pré-fixada ou, ainda, ter rentabilidade híbrida.

A LETRA FINANCEIRA É UMA MODALIDADE DE INVESTIMENTO QUE NÃO CONTA COM A GARANTIA DO FUNDO GARANTIDOR DE CRÉDITOS (FGC).

COE - CERTIFICADO DE OPERAÇÕES ESTRUTURADAS

Já imaginou combinar a proteção oferecida pela renda fixa com a possibilidade de ganhos mais robustos proporcionada pela renda variável? Essa é a proposta do COE (Certificado de Operações Estruturadas). Lançada em 2014, a aplicação ganhou um novo impulso em outubro de 2015, quando a CVM (Comissão de Valores Mobiliários) regulamentou as ofertas públicas de COE.

O COE é um investimento que permite ao pequeno investidor lucrar em cenários em que dificilmente ele obteria ganhos sem correr grandes riscos. Sua rentabilidade é atrelada a índices como o Ibovespa, à variação cambial de moedas como o dólar ou ainda a mercados em que o brasileiro médio está pouco habituado a investir, como *commodities*, índices de Bolsas estrangeiras ou ações de empresas de outros países.

No COE, tanto as perdas quanto os ganhos do investimento costumam ser limitados. Dessa forma, quem aplica hoje já tem noção de quanto dinheiro terá ao final do investimento. Apesar de, na teoria, o COE poder ser estruturado de forma que o investidor possa perder parte do capital investido, na prática, a imensa maioria dos títulos emitidos é de capital protegido. Ou seja, na pior das hipóteses, quem investir vai sair com o mesmo dinheiro que entrou, perdendo apenas o rendimento que obteria se tivesse escolhido um ativo que apresentou retornos maiores.

Principais riscos:
- **Crédito:** como tem capital protegido, o principal risco desse investimento é justamente o da instituição financeira que emite o COE, uma vez que usualmente a parte de renda fixa do papel é constituída por um título de crédito emitido por um banco. Assim, é importante para o investidor conhecer bem o banco que emite o título antes de comprá-lo, uma vez que ele não é protegido pelo FGC (Fundo Garantidor de Crédito). Portanto, em caso de falência da instituição financeira, o investidor pode perder todo o dinheiro que aplicou.
- **Liquidez:** o COE tem um vencimento definido no momento de sua emissão. A possibilidade de o investidor resgatar o capital antes do vencimento até existe, mas ele correrá o risco de resgatar um valor menor do que o investido devido a venda antecipada. Outro problema é que o capital só é 100% garantido na data do vencimento.

Então, o ideal é que o investidor só compre um COE com prazo de vencimento de dois anos, por exemplo, se planejar usar o dinheiro depois desse período.

EMPRESTANDO DINHEIRO PARA AS EMPRESAS ATRAVÉS DE TÍTULOS

DEBÊNTURES

As debêntures são títulos de dívidas de empresas privadas. Assim como acontece com os outros investimentos de renda fixa, ao adquirir um título desse tipo, o investidor se torna credor da companhia. Na prática, quem compra uma debênture está emprestando dinheiro para uma empresa conseguir realizar seus planos de expansão.

A remuneração pode variar, mas geralmente é atrelada a algum índice de inflação, como o IPCA (Índice de Preços ao Consumidor Amplo) e o IGP-M (Índice Geral de Preços-Mercado), acrescida de uma taxa fixa definida no momento da emissão da debênture.

Existem ainda as debêntures de infraestrutura (incentivadas), que são papéis emitidos por empresas que direcionam obrigatoriamente os recursos obtidos para projetos de infraestrutura e que são isentas de imposto de renda para pessoa física.

Principais riscos:

- **Crédito:** as debêntures não possuem garantia do FGC (Fundo Garantidor de Créditos), ou seja, caso a empresa que emitiu a debênture tenha dificuldades financeiras, o investidor corre o risco de perder o valor aplicado. Por isso, o risco de crédito precisa ser bem analisado pelo investidor que pretende comprar uma debênture.

    Quanto maior o risco, maior costuma ser a rentabilidade. Por isso, debêntures de empresas menores ou com um *rating* (classificação de risco) mais baixo costumam oferecer uma rentabilidade maior. Cabe ao investidor analisar antes de adquirir determinado título, levando em consideração o seu apetite por risco e a sua expectativa de remuneração.

- **Liquidez:** esses papéis costumam ter validade de médio a longo prazo, por isso, é interessante adequar o prazo com o seu objetivo. O investidor pode negociar seu título antes da data de vencimento por meio do mercado secundário.

CRA (CERTIFICADOS DE RECEBÍVEIS AGRÍCOLAS) E CRI (CERTIFICADOS DE RECEBÍVEIS IMOBILIÁRIOS)

Os Certificados de Recebíveis Agrícolas (CRA) e os Certificados de Recebíveis Imobiliários (CRI) são títulos de renda fixa que são emitidos por companhias securitizadoras, a fim de financiar, como os próprios nomes já dizem, os mercados Agrícola e Imobiliário. Podem ser pós-fixados ou indexados a um índice como IPCA ou IGPM.

Entre as principais características dessas duas aplicações está o fato delas serem isentas de IR (imposto de renda) para pessoas físicas. Então, todo rendimento proporcionado é creditado na conta sem desconto de IR, enquanto em outras aplicações de renda fixa há cobrança de IR pela tabela regressiva. Esses investimentos são muito parecidos com LCA e LCI, mas lembramos que o CRA e CRI não possuem a garantia do FGC.

Por meio desses papéis, as empresas conseguem captar dinheiro no mercado para financiar seus projetos sem a necessidade de pegar dinheiro emprestado dos bancos. Assim, os custos para essas empresas são menores e esses investidores podem ter taxas melhores de rentabilidade.

A MAIORIA DOS CRIS E CRAS NO MERCADO É DIRECIONADA PARA INVESTIDORES QUALIFICADOS. OU SEJA, SÃO INVESTIDORES QUE POSSUEM MAIS DE 1 MILHÃO DE REAIS NO MERCADO FINANCEIRO E ATESTAM TAL CONDIÇÃO.

IMPOSTO DE RENDA EM RENDA FIXA

Os investimentos de renda fixa, com algumas exceções, têm a sua rentabilidade tributada com base nas seguintes alíquotas:

Tempo de aplicação	Alíquota de IR
Até 180 dias	22,5%
De 181 a 360 dias	20%
De 361 a 720 dias	17,5%
Acima de 720 dias	18%

Ressalto que o imposto é cobrado apenas sobre a rentabilidade obtida sobre o valor investido. Porém, alguns investimentos não geram imposto quando o investidor é uma pessoa física, como:

- LCA e LCI;
- CRA e CRI;
- Debêntures de infraestrutura.

É HORA DE FIXAR O CONTEÚDO

1) O que é o Tesouro Direto?

a) Um investimento conservador.

b) Uma plataforma onde você negocia títulos públicos federais.

c) Um tipo de investimento.

d) Investimento atrelado à inflação.

2) Quais são os principais tipos de títulos públicos?

a) Selic, IPCA e Pré-fixado.

b) CDI, Selic e LCA.

c) CDI, Selic e IPCA.

d) Inflação, CDI e Pré-fixado.

3) Ao investir em títulos do Tesouro, você está:

a) Obtendo a melhor rentabilidade do mercado.

b) Isento de riscos.

c) Emprestando o seu dinheiro para o governo.

d) Garantindo uma aposentadoria.

4) Qual título é recomendado para reserva de emergência?

a) Tesouro IPCA+.

b) Tesouro Pré-fixado.

c) Tesouro Selic.

d) Tesouro IPCA de curto prazo.

5) Qual o melhor título para reserva da liberdade financeira?

a) Tesouro Pré-fixado com juros semestrais.

b) Tesouro Selic de longo prazo.

c) Tesouro IPCA+.

d) Tesouro Selic com juros finais.

6) Qual o principal risco ao investir em Tesouro IPCA ou Pré?

a) Risco de calote.

b) Risco de liquidez se vender antes do prazo.

c) Risco de crédito.

d) Risco de mercado.

7) Onde você precisa ter conta para investir no Tesouro?

a) No Banco do Brasil.

b) Em qualquer banco.

c) Em corretora de valores.

d) No *site* da Bolsa de Valores – B3.

8) É obrigatório investir todos os meses no Tesouro?

a) Não.

b) Sim.

c) Sim, pois os planos são mensais.

d) Somente para valores acima de R$ 500.

9) Posso resgatar os títulos a qualquer momento antes do vencimento?

a) Sim, mas pode ter rentabilidade negativa no IPCA ou Pré-fixado.

b) Sim, mas corre o risco de Marcação a mercado.

c) Sim, sendo que o Tesouro Selic é para isso mesmo.

d) Todas acima.

10) Investimentos no Tesouro Direto possuem FGC?

a) Não.

b) Sim, desde que invista todos meses.

c) Sim, porém com limite de R$ 250.000,00.

d) Sim, todos os títulos têm a garantia do FGC.

11) Poupança paga juros de que forma?

a) Conforme o prazo que você deixar o dinheiro lá.

b) A cada 15 dias, isento de imposto de renda.

c) Seu saldo é atualizado diariamente.

d) No aniversário mensal do depósito.

12) O que significa o CDI?

a) Certificado de Depósito Interbancário.

b) Uma taxa usada como referência para rentabilizar investimentos.

c) Não é um investimento.

d) Todas acima.

13) O que é um CDB?

a) Certificado de Depósito Bancário.

b) Um empréstimo a uma instituição financeira.

c) Um investimento de renda fixa com vários tipos de rentabilidade.

d) Todas acima.

14) Um CDB pode ter diferentes tipos de rentabilidade?

a) Não, pois todos são atrelados ao CDI.

b) Sim, pode ter rentabilidade fixa, pós-fixada ou mista.

c) Sim, desde que seja atrelado ao CDI.

d) Não, pois ele possui a garantia do FGC.

15) Consigo aplicar todos os meses no mesmo CDB?

a) Não, pois a cada nova aplicação, você compra um novo título.

b) Não, mas consegue aplicar em CDB com características parecidas.

c) Não, pois cada nova aplicação gera um novo certificado.

d) Todas acima.

16) O que LCA/LCI têm de diferentes do CDB?

a) Elas não possuem a garantia do FGC.

b) Elas têm isenção de imposto para empresas.

c) Elas têm rendimento superior a um CDB.

d) Elas têm isenção de IR para o investidor pessoa física.

17) Quais desses abaixo têm garantia do FGC?

a) LCA, CDB e LF.

b) LC, CDB e COE.

c) LCI, CDB e LC.

d) LF, LC e CDB.

18) Ao investir em debêntures, podemos dizer que:

a) Você está emprestando dinheiro para essa empresa.

b) Sua rentabilidade será maior que um CDB.

c) Elas são títulos de dívidas públicas.

d) O investidor se torna credor do Estado.

Gabarito: 1b; 2a; 3c; 4c; 5c; 6d; 7c; 8a; 9d; 10a; 11d; 12d; 13d; 14b; 15d; 16d; 17c; 18a.

CAPÍTULO 5: RENDA VARIÁVEL

Ativos de renda variável são aqueles cuja remuneração ou retorno de capital não pode ser dimensionado no momento da aplicação, podendo variar positivamente ou negativamente, de acordo com as expectativas do mercado.

Nos ativos de renda variável, percebe-se uma grande oscilação de valor diariamente, porém, a longo prazo, as chances de terem retornos maiores em relação à renda fixa é alta.

Neste capítulo, vamos entender melhor como funcionam os investimentos em ações e Fundos de Investimentos Imobiliários.

AÇÕES

Ação é a menor parcela do capital social das companhias ou sociedades anônimas. Ao comprar uma ação, o investidor se torna sócio da empresa e, portanto, pode ganhar com o crescimento e a distribuição dos seus lucros.

A grande vantagem do mercado de ações em relação a abrir o próprio negócio é que o investidor pode se tornar sócio de empresas bastante sólidas, com posição de liderança de mercado, barreiras de entrada a novos concorrentes e enorme potencial de crescimento. É por esse motivo que muita gente acha que investir na Bolsa é menos arriscado do que se tornar empresário ou empreendedor.

Investir diretamente em ações costuma ser uma boa opção para aqueles que podem acompanhar de perto o dia a dia da Bolsa e dispõem de tempo para estudar e avaliar fatores que influenciam as empresas e os setores da economia. A seleção das melhores ações e o *timing* de sair e entrar no mercado estão sob a responsabilidade do próprio investidor. Se, por um lado, é preciso lidar com todos os riscos da aplicação, por outro, os custos costumam ser menores do que no investimento via fundos.

Na compra direta de ações, o investidor precisa abrir conta em uma corretora, que fará a ponte de suas ordens com a Bolsa. A negociação de ações é feita pela *Internet*, usando o *home broker*.

IPO E SECUNDÁRIO

IPO - oferta pública inicial é um tipo de oferta pública em que as ações de uma empresa são vendidas ao público em geral numa bolsa de valores pela primeira vez. É o processo pelo qual uma empresa passa a ser de capital aberto. Quando ocorre IPO, o valor das ações vai para o caixa da empresa.

Mercado Secundário é quando essas ações são negociadas entre os investidores que as possuem. Nesse momento, os valores negociados não são direcionados para a empresa, apenas para comprador e vendedor da ação.

O QUE É A B3, CVM, IBOVESPA E PONTOS IBOVESPA

B3 é um sistema resultante da união da BM&FBovespa e da Cetip, que aconteceu em março de 2017. É a responsável por realizar a compra e venda de ações no Brasil. O nome tem referência às iniciais de Brasil, Bolsa e Balcão (três letras B) e é a 5ª maior bolsa de mercado de capitais e financeiro do mundo.

Na B3 é onde ocorrem todos os negócios de renda variável no país, tais como: ações, FIIs, *commodities*, futuros e outros negócios. O sistema da B3 é diretamente ligado ao *home broker* da sua corretora.

CVM significa Comissão de Valores Mobiliários. É uma entidade que tem por objetivo regulamentar e fiscalizar o mercado brasileiro de valores mobiliários. Uma das atribuições da CVM é fiscalizar as corretoras e pessoas vinculadas a ela e proteger o investidor.

Índice Bovespa é o mais importante indicador do desempenho médio das cotações das ações negociadas na

B3. É formado pelas ações com maior volume negociado nos últimos meses.

Os pontos Ibovespa representam a *performance* de uma carteira teórica de ações criada em 2 de janeiro de 1968. Essa carteira é composta pelas ações com maior liquidez da B3. Quando o índice foi criado, ele valia 1 ponto (= 1 real). Hoje podemos dizer que essa carteira teórica vale 100 mil pontos (= 100 mil reais). Ou seja, você precisa de aproximadamente 100 mil reais para hipoteticamente comprar uma de cada das ações que compõem a carteira do Ibovespa. Até que é simples de entender, né?

PARTICIPANTES DO MERCADO

No mercado, existem vários participantes que são extremamente importantes para que os negócios aconteçam. Vamos entender um pouco mais dos principais.

Corretoras de valores são instituições financeiras voltadas para investimentos. Você abre a sua conta em uma corretora como faz em um banco, mas para fins bem diferentes: uma corretora não oferece empréstimos, financiamentos, cartões de créditos ou pagamentos, mas, sim, opções para aplicar seu dinheiro e o fazer render.

A principal função das corretoras é atuar como intermediárias na compra e venda de ativos financeiros. Elas são instituições autorizadas a atuar como uma ponte de ligação entre os investidores e a Bolsa de Valores na compra e venda de ações, mas também podem oferecer títulos públicos federais (negociados por meio do programa do Tesouro Direto) e títulos de crédito privados (como CDBs, LCIs, LCAs e debêntures, entre outros), cotas de fundos de investimento e várias outras opções.

É importante ressaltar que é muito difícil uma corretora quebrar, mas se isso acontecer, saiba que o seu dinheiro não fica na corretora, pois ela apenas intermedeia o seu investimento. A segurança dos seus investimentos está relacionada à sua própria emissão. Por exemplo: se você investiu em Tesouro Selic, a segurança é do governo. Se investiu em CDB, a segurança é do banco emissor do CDB, entendeu?

AAI – Agente Autônomo de Investimentos ou Assessor de Investimentos é a pessoa autorizada pela CVM para distribuir produtos de investimentos por meio de corretoras. É alguém altamente capacitado no mercado financeiro para ajudar o cliente no processo de investimento. Mas por conta de regras no sistema financeiro, um AAI não pode indicar ou recomendar compra ou venda de ações. Esse papel fica restrito ao analista.

Analista é a pessoa autorizada a emitir opiniões no mercado financeiro em relação à compra e venda de ações. Essa pessoa precisa ter uma certificação chamada CNPI, documento que, por sinal, exige muito estudo para ser obtido.

Gestor de Fundos é a pessoa autorizada a fazer a gestão de investimentos de terceiros. São poucos os que exercem essa função, a qual requer muito estudo e muita experiência no mercado financeiro. São essas pessoas que fazem nosso dinheiro render quando aplicamos em algum fundo de investimento.

ENTENDENDO O FUNCIONAMENTO DA BOLSA

A Bolsa de Valores é um mercado onde pessoas e empresas se relacionam por meio da compra e venda de seus títulos e ações. Se você decide vender uma ação e outro investidor tem interesse em comprá-la, a Bolsa será o ponto de encontro entre vocês. Simples assim: é o encontro de compradores e vendedores.

Mas um investidor não consegue acessar diretamente a Bolsa de Valores. Para tal, ele precisa ter conta em uma corretora que, por sua vez, fará esse contato com a Bolsa de Valores por meio do *home broker* (plataforma usada para negociar os ativos).

ESPECULAÇÃO X INVESTIMENTO

Vamos direto ao ponto aqui: investidor é aquela pessoa que tem objetivos de médio e longo prazos por meio da valorização dos investimentos, sejam eles ações, FIIS ou até mesmo renda fixa. O principal objetivo financeiro do investidor é a participação nos lucros e no crescimento da empresa, de forma direta ou indireta (pelo recebimento de dividendos, por exemplo).

Especulador é aquela pessoa que busca ganhos com a rápida diferença de preços de um determinado ativo. As aplicações financeiras em ações do especulador são focadas, sobretudo nas flutuações de preço (para cima ou para baixo), que ocorrem rotineiramente nas Bolsas de Valores, em curto e médio prazos. Para o especulador, o que mais importa são a liquidez e a volatilidade de cada ação escolhida.

Dica: para ser um bom especulador é necessário muito estudo e dedicação. Já para ser um investidor é necessário escolher bons investimentos conforme o seu perfil e esperar que o tempo trabalhe a seu favor.

PRINCIPAIS TIPOS DE AÇÕES NO MERCADO

- **ON** - Ordinárias Nominativas, representadas pelo número 3: ações que proporcionam participação nos resultados econômicos de uma empresa. Conferem ao seu titular o direito de voto em assembleia. Não dão direito preferencial a dividendos.

- **PN** - Preferenciais Nominativas, representadas pelo número 4: ações que oferecem ao seu detentor prioridades no recebimento de dividendos e/ou, no caso de dissolução da empresa, no reembolso de capital.

- **UNITS** – Representados pelo número 11: papéis compostos por mais de um ativo, mas comprados e vendidos como uma unidade.

Outro ponto importante que você precisa saber é sobre o lote padrão. As ações são negociadas em lotes de 100 ações. No entanto, se você deseja negociar menos de 100 ações em uma única ordem, é necessário incluir a letra F ao final do código da ação. Em função disso, você pode negociar a partir de uma ação.

QUANDO UMA MESMA EMPRESA POSSUI AÇÕES DO TIPO 3, 4 E 11 NEGOCIADAS NA BOLSA, DÊ PREFERÊNCIA A AÇÕES DE FINAL 11, POIS A LIQUIDEZ DESSE ATIVO É MAIOR.

NÍVEIS DE AÇÕES

Existem basicamente três níveis de ações que são classificadas conforme o tamanho do capital social de uma empresa.

Small Caps é o termo para classificar ações de empresas cujo valor de mercado é mais modesto quando comparado ao de uma empresa de grande porte. Elas também podem ser chamadas de ações de terceira linha. Em geral, esses papéis têm baixa liquidez na Bolsa, o que os torna suscetíveis a oscilações bruscas de preço, mas um grande potencial de valorização. Seus volumes de negociação costumam ser baixos. O valor de mercado de uma empresa classificada como *Small Cap* normalmente está abaixo de 5 bilhões de reais.

Mid Caps é o termo para classificar ações de empresas que, em termos de capitalização, ficam entre as *Large Caps* e as *Small Caps*. Normalmente são empresas com capitalização entre 5 e 20 bilhões de reais, mas não existe uma regra específica.

Blue Chips e *Large Caps* são termos utilizados para descrever uma ação que se acredita ser segura, de uma empresa que esteja em excelente condição financeira e consolidada como líder em seu ramo (ações de primeira linha). Ações *Blue Chips* geralmente pagam dividendos muito altos e crescentes. São as "queridinhas" dos investidores.

O QUE FAZ INFLUENCIAR O PREÇO DE UMA AÇÃO?

O preço da ação é formado pelos investidores do mercado que, dando ordens de compra ou venda de ações às corretoras das quais são clientes, estabelecem o fluxo de oferta e procura de cada papel, fazendo com que se estabeleça o preço justo da ação.

A maior ou menor oferta/procura por determinada ação, que influencia seu processo de valorização ou desvalorização, está relacionada ao comportamento histórico dos preços e, principalmente, às perspectivas futuras de desempenho da empresa emissora da ação.

Tais perspectivas podem ser influenciadas por notícias sobre o mercado no qual a empresa atua: divulgação do balanço da empresa (com dados favoráveis ou desfavoráveis), notícias sobre fusão de companhias, mudanças tecnológicas e muitas outras que possam afetar o desempenho da empresa emissora da ação.

Outro item que pode influenciar muito o preço de uma ação é o chamado "efeito manada", que consiste em um movimento simultâneo de vários investidores comprando uma ação sem motivos inteligentes aparentes, o que faz com que seu preço comece a subir muito. Esse movimento é corrompido em certo momento, fazendo com que muita gente tenha perdas expressivas.

ANÁLISE FUNDAMENTALISTA

A análise fundamentalista é um estudo que tenta determinar o valor de um título, concentrando-se em fatores que afetam o negócio de uma empresa e suas perspectivas futuras. Em um âmbito mais amplo, é possível realizar essa análise em indústrias ou na economia como um todo. O termo refere-se, simplesmente, à análise da saúde econômica de uma entidade financeira em vez de apenas os movimentos de preços das ações.

Algumas das perguntas mais comuns que a análise fundamentalista busca responder são:

- A receita/lucro da empresa está crescendo?
- A empresa está sendo lucrativa?
- A empresa está em uma posição de mercado forte o suficiente para vencer os seus concorrentes no futuro?
- Ela é capaz de pagar suas dívidas?

ANÁLISE GRÁFICA

Análise Gráfica ou Análise Técnica é uma ferramenta utilizada tanto por especuladores profissionais (conhecidos como *traders*, operadores ou negociantes de mercados institucionais), como por amadores para análise do movimento de preço de alguns ativos financeiros (principalmente ações de boa liquidez), com base na oferta e procura desses ativos financeiros, com o objetivo de lucrar por meio da identificação dos melhores pontos possíveis de entrada e saída em negociações de compra ou venda dos mesmos.

ONDE ENCONTRAR INFORMAÇÕES SOBRE AÇÕES?

Existem alguns *sites* que são ótimos para encontrar informações fundamentalistas sobre ações.

Ex: statusinvest.com.br, fundamentei.com e fundamentus.com.br

Outro local interessante para encontrar sugestões de ações, carteiras de ações e análises é o próprio *site* da sua corretora. A XP Investimentos, por exemplo, possui em seu *site* um local específico onde publica periodicamente estudos sobre o mercado de ações e recomendações de ações.

ETF - EXCHANGE-TRADED FUND

É um fundo de investimento negociado na Bolsa de Valores como se fosse uma ação. Um ETF também pode ser entendido como um fundo que acompanha algum índice.

No mercado de renda variável, assim como no mercado de renda fixa, existem alguns índices que buscam replicar uma carteira teórica de ações. A seguir, alguns dos principais índices.

- **BOVA11** – é um Fundo de Índice. O objetivo desse fundo é obter uma *performance* próxima ao próprio Índice Bovespa (IBOV). Dessa forma, vários investidores unidos investem nesse fundo, que pega todo o recurso e compra ações exatamente nas mesmas proporções do Índice Bovespa.
- **SMAL11** – é um ETF com foco em *Small Caps* no Brasil. Isso faz com que esse ETF replique a carteira teórica de ações *Small Caps*.

- **IVVB11** – é um fundo de índice negociado na B3 que replica, em reais, a *performance* do S&P500 – o índice americano que reúne as 500 maiores companhias de capital aberto dos EUA. Com ele, o investidor pode obter acesso tanto à variação cambial quanto aos investimentos nas 500 maiores empresas americanas. Isso ocorre porque a cotação do IVVB11 também é diretamente impactada pela variação do dólar.

A grande sacada aqui é que você não precisa escolher ações e colocar muito dinheiro para ter a rentabilidade média do Ibovespa, por exemplo. Basta comprar um lote de BOVA11 (100 *units*) ou inserir a letra F no final do código (BOVA11F) e comprar apenas uma *Unit*. O mesmo se aplica para os demais ETFs.

BDRS - BRAZILIAN DEPOSITARY RECEIPT

BDRs são certificados que representam ações emitidas por empresas em outros países, mas que são negociados aqui na bolsa brasileira. É como se fossem ações estrangeiras negociadas no Brasil.

Quem adquire um BDR, portanto, não compra diretamente as ações da empresa no exterior. Em vez disso, investe em títulos representativos desses papéis aqui no Brasil.

Hoje existem mais de 550 BDRs diferentes que podem ser adquiridos por meio da B3. BDR de empresas conhecidas, como: Apple, Amazon, Facebook, Coca-Cola, Disney, Netflix, entre tantas outras.

Somente o investidor qualificado poderia investir em BDRs, porém, a partir de agosto de 2020, todos os investidores podem adquirir BDR na bolsa brasileira.

Os BDRs também são compostos por um código de quatro letras e dois números. Os números podem ser 32, 33, 34 e 35. O mais comum de encontrar é o 34.

Ex: BDR da Apple – AAPL34

O lote mínimo para negociar BDRs é de 10 papéis por operação.

RENDA COM AÇÕES

Além de ganhar com a valorização ou desvalorização de uma ação, você, investidor, também pode ganhar com os dividendos, juros sobre capital próprio e bonificações. Abaixo, você entende melhor cada um deles.

- **Dividendos** são uma parcela do lucro apurado por uma sociedade anônima, distribuída aos acionistas por ocasião do encerramento do exercício social. Os dividendos são isentos de imposto de renda para o investidor pessoa física e o crédito é feito diretamente na conta/corretora em que as ações estão custodiadas.
- **Juros Sobre Capital Próprio (JCP)** é uma das formas de uma empresa distribuir o lucro entre os seus acionistas, titulares ou sócios. Essa forma é utilizada em alguns casos, pois a empresa pode deduzir os JCP do lucro tributável da empresa. Quando o investidor pessoa física recebe isso na conta, já são descontados 15% de IR na fonte. A forma de crédito é igual aos dividendos.
- **Bonificação** é a distribuição gratuita de novas ações aos acionistas de uma empresa. O recebimento é proporcional ao número de ações que cada acionista possui. A bonificação é proveniente do aumento de capital de uma empresa mediante a incorporação de reservas.

Importante ressaltar que formas de ganhos com ações estão bem mais presentes em ações de grandes companhias classificadas como *Blue Chips* (falamos sobre elas há pouco). Essas empresas costumam fazer isso, pois têm lucros altos e não possuem grandes novos projetos para utilizar esses lucros, optando então por distribuir aos seus acionistas.

O QUE É DAY TRADE, SWING TRADE E BUY AND HOLD?

- **Day Trading** é uma modalidade de negociação utilizada em mercados financeiros (como Bolsa de Valores) que tem por objetivo a obtenção de lucro com a oscilação de preços de ativos financeiros ao longo do dia. Configura o *Day Trade* quando você compra e vende um ativo no mesmo dia.

- **O Swing Trade** é um método de investimento em que as suas aplicações se iniciam e se encerram em poucos dias ou semanas. O objetivo é aproveitar as variações de preços dos ativos negociados na Bolsa de Valores em curto prazo. Para isso, é necessário, primeiro, identificar uma tendência de mercado para, então, estabelecer metas a serem alcançadas.

- **Buy and Hold** é uma estratégia de investimento de longo prazo. Ao contrário do *Day Trade*, que busca obter pequenos ganhos em operações rápidas, realizadas com intervalos de horas ou minutos, no *Buy and Hold* uma mesma ação pode ser mantida por anos ou décadas.

CUSTOS PARA INVESTIR EM AÇÕES

Ao investir em ações, temos que saber que existem alguns custos envolvidos, os quais muitas vezes podem inviabilizar o investimento. Mas a boa notícia é que encontramos opções de não pagar tais custos. Então, vamos entender os três principais.

- **Corretagem** é uma taxa paga no momento da realização de uma operação de compra ou venda de ativos mobiliários (ações) e corresponde a uma taxa fixa (corretagem fixa) ou uma porcentagem do volume do negócio realizado (corretagem variável).
- **Custódia** é a guarda e o exercício de direitos dos títulos e valores, depositados em nome dos investidores, garantindo a sua propriedade nas centrais

de custódia. Esses serviços são prestados pelas instituições custodiantes, em atendimento ao investidor. Um detalhe interessante é que a grande maioria das corretoras não cobra mais taxa de custódia atualmente.

- **Emolumentos**, na Bolsa de Valores, são taxas cobradas pela B3 e pela CBLC (Companhia Brasileira de Liquidação e Custódia) quando os investidores compram e vendem ativos.

Algumas corretoras não cobram taxas de corretagem e custódia para você operar com ações. Acredito que, em breve, mais corretoras irão zerar os custos para operar.

ESCOLHENDO UMA BOA CORRETORA PARA INVESTIR EM AÇÕES

Aqui não tem muito segredo. A minha sugestão número 1 é: escolha uma corretora que não tenha taxas de corretagem para compra e venda, pois essas taxas muitas vezes acabam inviabilizando o seu investimento, dependendo do montante. Uma rápida pesquisa na *Internet* ajudará você a identificar essas corretoras.

Outro ponto é ter conta em uma corretora que atenda bem e que você se "simpatize" com o sistema dela, tanto no aplicativo, quanto no acesso via computador. Para escolher, sugiro abrir conta em duas ou três corretoras e testar seus sistemas, afinal, não pagará nada para isso.

NOTA DE CORRETAGEM
É o documento onde o investidor terá destacado todas as negociações, taxas e impostos incidentes sobre as operações do dia. Com esse documento, o cliente terá todas as informações relativas à negociação. Vale lembrar que a nota, quando emitida, se refere às negociações do dia.

COMO FUNCIONA O IMPOSTO SOBRE MEUS GANHOS?
A alíquota de IR para ações varia de 15% a 20%.

Quando você obtém lucro com a compra e venda das ações, deverá pagar 15% de imposto sobre os ganhos. Mas existem algumas exceções às quais você deve prestar atenção.

Se dentro do mesmo mês, você, como investidor pessoa física, vender menos que 20 mil reais em ações, mesmo tendo lucro, não é obrigado a pagar imposto.

Caso você faça *Day Trade* (comprar e vender no mesmo dia), deverá pagar 20% de imposto sobre os ganhos. Lembrando que não existe isenção de IR para operações em *Day Trade*.

Todo o imposto devido deve ser recolhido por meio de uma DARF (documento de arrecadação da receita federal) até o último dia útil do mês seguinte ao da venda das ações. Esse DARF pode ser pago diretamente pelo *Internet Banking* do seu banco.

Para emitir a DARF, você deve acessar o sistema Sicalcweb da Receita Federal. Lembre-se de que o código para emissão de DARF em renda variável é o 6015.

O RECOLHIMENTO É MENSAL E DEVE SER FEITO ATÉ O ÚLTIMO DIA ÚTIL DO MÊS SEGUINTE ÀS OPERAÇÕES.

PRINCIPAIS RISCOS AO INVESTIR EM AÇÕES

- **Mercado:** é o principal risco do investimento em ações. Isso porque o preço varia diariamente e o investidor pode perder dinheiro se houver oscilação negativa durante o período da sua aplicação nos papéis daquela companhia.

- **Liquidez:** o investidor pode não encontrar compradores potenciais no momento que quiser vender o papel e no preço desejado. Isso acontece principalmente com ações de empresas menores que têm pouca negociação na Bolsa de Valores.

Investimento em ações não possui risco de crédito, pois ao comprar uma ação, você se torna sócio da empresa e não empresta o valor para a empresa (mas isso não quer dizer que você venha a perder dinheiro, ok?).

É HORA DE FIXAR O CONTEÚDO

1) Ao comprar uma ação, o investidor está:
a) Emprestando dinheiro para a empresa.
b) Tornando-se sócio da empresa.
c) Emprestando dinheiro para a corretora.
d) Tornando-se sócio da corretora.

2) Além de ganhar com a valorização ou desvalorização de uma ação, você investidor, também pode ganhar com:
a) Juros sobre capital próprio.
b) Dividendos.
c) Bonificação
d) Todas as alternativas.

3) O que significa a sigla IPO?
a) Quando as ações de empresas são negociadas em bolsa, são chamas de IPO.
b) Quando você possui ações de determinada empresa e deseja vendê-las.

c) IPO é quando as ações são negociadas pela primeira vez na bolsa de valores.

d) É um processo pela qual a empresa passa a ser de capital fechado.

4) Quando ocorre IPO, o valor das ações vai para:

a) O vendedor da ação.

b) A dívida da empresa.

c) O caixa da empresa.

d) Para os sócios da empresa.

5) Quando as ações são negociadas entre os investidores que as possuem, chamamos de:

a) IPO.

b) Mercado secundário.

c) Debêntures.

d) Bolsa de valores.

6) Quando as ações são vendidas no mercado secundário, o dinheiro vai para:

a) O vendedor da ação.

b) A dívida da empresa.

c) O caixa da empresa.

d) Para os sócios da empresa.

7) Onde ocorrem todos os negócios de renda variável no país:

a) Bovespa.

b) Ibovespa.

c) B3.

d) Mercado de Balcão.

8) Qual dos investimentos abaixo não são negociados em bolsa?

a) *Commodities*.

b) COE.

c) Futuros.

d) FII.

9) Se uma corretora quebrar o que acontece com o dinheiro investido?

a) Você acaba perdendo, mas se o investimento for coberto pelo FGC você pode recuperar.

b) Você perde e não tem o que fazer.

c) O dono da corretora sai ganhando nesse caso.

d) Nada, pois a corretora serve apenas como intermediadora entre você e os investimentos.

10) Qual alternativa correta em relação ao AAI e analista?

a) O AAI não pode recomendar a compra ou vende de determinada ação.

b) O analista assessora os seus investimentos como um todo, já o AAI não pode fazer isso.

c) O AAI indica ações para você comprar, esse é o seu papel.

d) Nenhuma das alternativas estão corretas.

11) Como se chama a plataforma utilizada para negociar os ativos?

a) B3.

b) Bolsa de Valores.

c) *Home Broker.*

d) Corretora de valores.

12) Diferença entre investidor e especulador?

a) O investidor busca ganhos rápidos.

b) O investidor busca liquidez e volatilidade em empresas.

c) Investidor pensa no médio/longo prazo.

d) O especulador buscar ganhar com o crescimento da empresa.

13) Assinale a alternativa correta sobre ações ordinárias:

a) Conferem ao seu titular o direito de voto em assembleia.

b) Dão direito preferencial a dividendos.

c) Em caso de dissolução da empresa, dão prioridade no reembolso de capital.

d) Todas as alternativas.

14) A partir de quantas ações podem ser negociadas:

a) 100.

b) 50.

c) 10.

d) 1.

15) Sobre empresas conhecidas como blue chips:

a) Também podem ser chamadas de ações de terceira linha.

b) Geralmente pagam dividendos muito altos e crescentes.

c) Em termos de capitalização, ficam entre as *Large Caps* e as *Small Caps*.

d) empresas cujo valor de mercado é mais modesto quando comparado ao de uma empresa de grande porte.

16) O que influencia o preço de uma ação?

a) Notícias sobre o mercado no qual a empresa atua.

b) A maior ou menor oferta/procura por determinada ação.

c) Divulgação do balanço da empresa e notícias sobre fusão de companhias.

d) Todas as alternativas corretas.

17) O que caracteriza Buy and hold?

a) É uma estratégia de investimento de longo prazo.

b) É um método de investimento em que as suas aplicações se iniciam e se encerram em poucos dias ou semanas.

c) A obtenção de lucro com a oscilação de preço de ativos financeiros ao longo do dia.

d) Nenhuma das alternativas anteriores.

18) Qual a porcentagem que vou pagar de IR ao investir em ações?

a) De 12% a 15%.

b) De 15% a 20%.

c) 18%.

d) 20%.

19) Quando você deve declarar IR ao investir em ações?

a) Obtendo lucro sou obrigado a declarar.

b) Se eu vender mais do que 10 mil reais de ações.

c) Sempre.

d) Se eu vender mais do que 20 mil reais em ações.

20) Quais os principais riscos que você tem ao investir em ações?

a) Crédito e Liquidez.

b) Mercado e Crédito.

c) Mercado e Liquidez.

d) Mercado, Crédito e Liquidez.

Gabarito: 1b; 2d 3c; 4c; 5b; 6a; 7c; 8b; 9d; 10a; 11c; 12c 13a; 14d; 15b; 16d; 17a; 18b, 19c; 20c.

FIIS – FUNDOS DE INVESTIMENTOS IMOBILIÁRIOS

FIIS - FUNDOS DE INVESTIMENTOS IMOBILIÁRIOS - TAMBÉM SÃO CLASSIFICADOS COMO RENDA VARIÁVEL.

O QUE SÃO FUNDOS DE INVESTIMENTOS IMOBILIÁRIOS?

São fundos voltados para o mercado imobiliário que realizam captação de recursos por meio de cotas vendidas aos investidores e utilizam esses recursos para adquirir e comercializar empreendimentos imobiliários, como *shoppings*, edifícios comerciais, agências bancárias, títulos ou recebíveis etc.

Podemos dizer que, ao investir em FII, em vez de comprar um imóvel sozinho, estamos nos juntando a outros investidores que têm o mesmo interesse em investir no mercado imobiliário. Assim, o dinheiro de todos os investidores vai para um fundo que, por sua vez, terá como objetivo negócios no setor imobiliário.

Os fundos são administrados por um profissional junto a instituições financeiras, e os ativos adquiridos, como qualquer outro imóvel, tendem a gerar um retorno (como, por exemplo, o aluguel mensal).

Atualmente, existem mais de 145 fundos listados na BM&F Bovespa e são divididos em diversos tipos, como Fundos de Renda, Fundos de Títulos e Valores Mobiliários e Fundos Híbridos. Mas tenha calma, que vou explicar melhor o que é cada um desses fundos.

QUAL A DIFERENÇA ENTRE COMPRAR UM IMÓVEL OU INVESTIR EM FIIS?

Negociar Fundos de Investimentos Imobiliários é uma das maneiras mais simples de se investir em imóveis. Isso porque a diferença entre comprar cotas de Fundos Imobiliários ou investir em um imóvel físico é que os Fundos podem ser negociados em Bolsa, com menos burocracia e uma liquidez muito maior. Ou seja, quanto maior a liquidez, mais rápido você transforma o seu investimento em dinheiro novamente.

O FIIs têm menos riscos e são considerados uma categoria de investimento mais conservadora do que quando comparamos com um imóvel físico.

Um exemplo claro é quando um imóvel próprio de locação fica vazio por muito tempo: os custos de manutenção são muito altos e o proprietário que deve arcar com isso. Ainda podemos citar a dificuldade que muitas vezes um proprietário de certo imóvel tem em relação a encontrar de forma rápida um comprador que pague o preço justo por ele. Muitas vezes, a pessoa pode ficar anos tentando vender um imóvel.

COMO FUNCIONAM OS FIIS?

Todo FII tem um regulamento próprio que determina qual é a política de investimentos do fundo, determinando se irá investir apenas em imóveis prontos e destinados ao aluguel de salas comerciais ou se será genérico e permitirá a compra de imóveis prontos ou em construção, para aluguel ou venda.

Ao comprar imóveis, o fundo terá como renda a sua locação, venda ou arrendamento. Se optar por aplicar em títulos e valores imobiliários, a renda virá dos rendimentos distribuídos por esses ativos ou pela diferença entre os preços de compra e de venda. Em ambos os casos, os rendimentos ou aluguéis são distribuídos periodicamente aos cotistas. E o mais bacana ainda é que o fundo é obrigado a distribuir no mínimo 95% do lucro líquido aos seus cotistas.

Portanto, ao comprar as cotas por meio do *home broker* ou da mesa de operações, o cotista passa a ser "sócio minoritário" do fundo e começa a receber uma remuneração proporcional ao tamanho do seu investimento, além de não arcar com as obrigações de manutenção, como ir atrás de locadores, validar contratos, efetuar o pagamento de despesas, entre outras.

Em resumo, é possível lucrar com FIIs de duas maneiras: por meio do recebimento de proventos ou com a valorização das cotas, caso os empreendimentos pertencentes ao fundo se valorizem e aumentem seu valor de mercado.

QUAIS SÃO OS TIPOS DE FIIS?

- **Fundos de Renda (Fundo de Tijolo):**

Fundos de Tijolo voltados para renda, que são aqueles que compram empreendimentos já construídos, têm como objetivo explorar comercialmente um empreendimento e usufruir do fluxo de aluguéis provenientes dele.

Os fundos podem ter como foco diversos tipos de empreendimentos, como: lajes corporativas, hospitais, shoppings, ativos logísticos ou híbridos, como fundos de ativos mistos e fundos de fundos.

Essa classe de ativos também está sujeita aos impactos e incertezas da economia real. Uma recessão econômica, por exemplo, pode facilmente afetar a taxa de ocupação do imóvel, elevando sua vacância (espaços vagos no edifício), reduzindo o preço do aluguel e, consequentemente, a rentabilidade do fundo.

Da mesma forma, esses fundos podem ser muito beneficiados em ciclos de crescimento. Tanto a distribuição mensal de dividendos quanto a valorização das cotas dependem diretamente da taxa de vacância do empreendimento.

• Fundos de Títulos e Valores Mobiliários (Fundos de Papéis)

A composição desses fundos costuma ser concentrada em Certificados de Recebíveis Imobiliários (CRI), que podem ser indexados a um índice de preços (IPCA, IGP-M, entre outros) ou pós-fixados, ou seja, atrelados ao CDI.

Se forem indexados à inflação, o título estará sujeito a riscos de mercado, como expectativas e movimentos nos juros/inflação, e poderão reagir a essas oscilações.

Há também o risco de crédito inerente a essa classe de FIIs. Quanto melhor for o perfil de risco dos devedores (títulos) e sua estrutura de garantias, mais conservador o fundo será e, consequentemente, menor o retorno esperado.

Trata-se de títulos de renda fixa que pagam juros periódicos. Logo, o lucro desses fundos vem do recebimento desses juros e, eventualmente, da venda antecipada dos títulos.

- **Híbridos (Fundos de Fundos)**

Nessa classe se enquadram os fundos que possuem uma carteira mista entre empreendimentos imobiliários, títulos imobiliários ou até mesmo cotas de outros FIIs.

Da mesma forma, os riscos envolvidos dependerão da maneira como a carteira de ativos é composta.

São poucos os fundos que adotam uma estratégia mista. Alguns fundos de fundos acabam sendo enquadrados como híbridos por possuírem exposição em recebíveis imobiliários, mas ficam majoritariamente concentrados em cotas de outros FIIs.

QUAIS SÃO AS VANTAGENS DE INVESTIR EM FIIS?

Possibilita que pessoas com pouco capital também possam ter acesso ao mercado imobiliário, pois, caso contrário, para comprar um imóvel sozinhas, seria necessário um montante elevado de recursos.

Menores custos e menos burocracia quando comparado com um investimento tradicional em imóveis.

Benefício fiscal. No caso de aquisição de imóvel com a finalidade de locação, pessoa física paga imposto sobre os aluguéis. No caso de FIIs, os dividendos mensais são isentos de imposto. Mas não se engane! Pois somente o dividendo é isento para pessoa física, porque sobre os ganhos de capitais há incidência de imposto.

A liquidez para a venda tende a ser muito melhor no FII. Vender um imóvel físico de alto valor não é tão simples, pois envolve muita negociação. Já no caso dos FIIs, você só precisa acessar a Bolsa de Valores e colocar à venda.

Por ter uma gestão profissional, você não se preocupa com escritura, IPTU, condomínio e várias outras despesas que incidem sobre um imóvel, pois isso fica a cargo do gestor.

Reinvestir os ganhos sobre o imóvel é mais fácil: basta adquirir novas cotas por meio da Bolsa de Valores e você receberá cada vez mais dividendos sobre o seu investimento. Por outro lado, é muito difícil você reinvestir aquele aluguel recebido em seu próprio imóvel todos os meses para que ele retorne novamente.

O QUE DEVO AVALIAR ANTES DE INVESTIR?

• **Taxa de Vacância**

A taxa de vacância, que é o volume de espaço vago nos empreendimentos pertencentes ao fundo, é um ponto fundamental para avaliar antes de comprar cotas de FIIs. Isso porque, quanto menor a taxa de vacância, maiores os rendimentos pagos aos seus cotistas.

O ideal é avaliar a taxa de vacância do fundo por um longo período. Assim, é possível ter uma visão geral sobre o desempenho do ativo em momentos de alta e de baixa do mercado.

• **Taxas de administração do fundo**

Todo fundo imobiliário é gerenciado por um gestor profissional, que cobra uma taxa de administração por isso.

Antes de comprar cotas de um determinado fundo, o indicado é verificar no relatório do fundo qual a porcentagem dessa taxa sobre o valor total e líquido do patrimônio e sobre a receita do aluguel.

• Dividend Yield

Considerar o Dividend Yield, que é o retorno anual de dividendos pagos aos cotistas, também é importante para alinhar as suas expectativas ao resultado que o fundo, de fato, poderá entregar.

Porém, é essencial avaliar o DY juntamente com outros fatores, já que pode acontecer de um fundo ter Dividend Yield alto, mas estar pagando esse valor por um prazo determinado ou não ter consistência na geração de caixa.

• Valor patrimonial do fundo

Valor patrimonial se refere ao patrimônio líquido do fundo (ativos e passivos). Nos casos de fundos de tijolo, uma empresa especializada é contratada para fazer um laudo de avaliação e determinar quanto vale cada ativo. No caso de fundos que possuem ativos líquidos, é considerado o último valor dos ativos negociados em bolsa ou mercado de balcão organizado.

Nem sempre o valor patrimonial fica acima do valor de mercado. Em anos de recuperação econômica, por exemplo, o valor patrimonial costuma ficar abaixo. Até porque as avaliações são feitas uma vez por ano. Logo, demora até que a empresa avaliadora revise suas premissas.

- **Diversificação de segmentos**

Para diminuir os riscos, as possibilidades de segmentos são várias. As principais são: *shoppings*, lajes corporativas de andares inteiros ou conjuntos comerciais, industriais, galpões de logística, hotéis e Certificados de Recebíveis Imobiliários (CRI), Letras de Crédito Imobiliário (LCI), Letras Hipotecárias (LH), Cotas de FIIs, SPE (sociedade de propósito específico) e ações de empresas do setor imobiliário.

O investidor tem também a oportunidade de acessar empreendimentos em diversas localidades, o que ajuda a diminuir fatores regionais.

COMO NEGOCIAR?

As operações devem ser intermediadas por uma corretora e realizadas por meio do *home broker* ou da mesa de negociação.

Todo fundo imobiliário é composto por quatro letras e o número 11, por exemplo: XPML11. Então, você irá comprar ou vender esses códigos diretamente no *home broker* de sua corretora.

As cotas de FIIs são negociadas na Bolsa de Valores, a B3. Isso significa que você irá negociar de forma segura, pois os negócios são transparentes e a Bolsa estabelece parâmetros para evitar manipulação dos preços.

Ao entrar no *home broker*, você escolhe o fundo que deseja comprar, por meio de seu código de negociação, que pode ser encontrado na página de FIIs listados na BM&F Bovespa, clicar na opção de compra, inserir o preço que deseja pagar pela cota e, em seguida, enviar a ordem.

Já para vender suas cotas, basta selecionar a ordem de venda em vez da de compra e realizar o mesmo processo.

Mas como eu vou saber qual código usar? Existem dois *sites* que eu gosto muito e são dedicados a conteúdos e relatórios sobre FIIs, onde, inclusive, você pode conferir mais informações sobre cada FII, que são importantes avaliar para conhecer melhor esse fundo, que são: www.fundsexplorer.com.br e ticker11.com.br.

Também é importante ressaltar que as corretoras costumam fazer um relatório mensal com análise de alguns dos melhores fundos do mercado, segundo os especialistas da corretora. Um exemplo são os relatórios gratuitos da XP investimentos, disponibilizados em seu *site* www.xpi.com.br, na aba conteúdos.

O QUE SÃO AS SUBSCRIÇÕES NOS FIIS?

O direito de subscrição é um direito de preferência do cotista para adquirir novas cotas quando há o aumento de capital do fundo. Esse aumento de capital geralmente ocorre para realizar a aquisição de novos ativos imobiliários para o fundo. É um benefício que pede uma atitude por parte do cotista, subscrever ou vender o direito em alguns casos.

Quando o fundo decide fazer o aumento de capital por meio da emissão de novas cotas, o investidor irá receber em sua conta na corretora cotas do fundo com o final 12 ou 13. A partir disso, o investidor precisa optar por subscrever essas cotas (adquirir as novas cotas por valor definido) ou até mesmo vender esses direitos na bolsa.

Para realizar a aquisição das novas cotas com valor definido (subscrição), basta expressar sua vontade junto a corretora, podendo ser por *e-mail* ou até mesmo em opção específica na sua conta.

Caso opte por vender esses direitos, basta colocar o código que recebeu no *home broker* durante as negociações do mercado e vender os ativos.

No *site* www.ticker11.com.br na aba subscrições, você encontra todas informações pertinentes as subscrições dos FIIs.

FIQUE ATENTO ÀS SUBSCRIÇÕES DOS FIIS QUE POSSUI EM CARTEIRA, POIS, NA MAIORIA DAS VEZES, É POSSÍVEL TER GANHOS ALTOS AO SUBSCREVER SEUS DIREITOS. EX: COMPRAR COTAS POR 100 REAIS, SENDO QUE JÁ ESTÃO SENDO NEGOCIADAS A 120 REAIS NA BOLSA.

COMO MONTAR UMA CARTEIRA DE FIIS?

O principal ponto é decidir entre um portfólio voltado para valorização ou uma carteira focada no recebimento de proventos. Depois, é essencial avaliar o cenário econômico e político para escolher os setores que mais poderão se beneficiar.

Dentro de cada setor, é essencial adicionar peso para aqueles que tendem a ter os melhores desempenhos e ressaltar que a diversificação também pode ser regional.

Imagine que o país está em um momento com tendência de crescimento no consumo, isso pode favorecer setores como *shoppings* e os logísticos.

Também é importante tomar cuidado com alguns fundos, como os monoativos, pois esses têm apenas um inquilino dentro do fundo, o que aumenta os riscos em caso de inadimplência ou até rescisão de contrato. Outro ponto de atenção é não olhar apenas a valorização da cota dos últimos 12 meses ou o percentual pago de dividendos, pois pode ter ocorrido algum ajuste dentro dos ativos daquele fundo e, consequentemente, essa "*performance*" não irá se repetir.

Agora uma dica: depois que você já montou a sua carteira de FIIs, ou até mesmo investiu em apenas um fundo, entenda que, por se tratar de renda variável e ser cotado em Bolsa, o seu saldo irá oscilar constantemente devido à oferta e demanda, juntamente com fatos relevantes. Sei que muitos investidores gostam de olhar o saldo das aplicações todos os dias, mas isso pode ser uma tremenda dor de cabeça se você deixar se influenciar pelas oscilações positivas ou até mesmo negativas que tem constantemente. Então, não olhe seu saldo todos os dias e faça apenas uma avaliação mensal da carteira.

IMPOSTO DE RENDA NOS FIIS

Os rendimentos mensais dos investimentos em fundos negociados em Bolsa são isentos de imposto de renda para pessoas físicas que detenham até 10% de participação em um FII com, no mínimo, 50 cotistas.

Porém, caso o investidor decida vender suas cotas de FIIs, deverá pagar 20% de IR sobre o ganho do capital, independentemente do valor de venda.

É HORA DE FIXAR O CONTEÚDO

1) Quais são os tipos de FIIS?

a) Tijolos.

b) Papéis.

c) Híbridos.

d) Todas as alternativas.

2) Todos os FIIs pagam dividendos mensais?

a) Sim.

b) Somente os fundos de tijolos.

c) Alguns fundos não pagam dividendos (fundos de desenvolvimento).

d) Todas as alternativas.

3) Como negociar um FIIs?

a) É preciso ter conta em banco.

b) Necessário ter conta em corretora.

c) Diretamente com o vendedor do fundo.

d) Basta fazer o cadastro no Tesouro Direto.

4) O que podemos entender como vantagens ao investir em FIIs?

a) Diversificação de setores, boa liquidez.

b) Custo baixo e gestão profissional.

c) Ganhos de duas formas.

d) Todas as alternativas.

5) Tem isenção de imposto na venda de cotas com lucro?

a) Se vender abaixo de 20 mil reais no mês.

b) Apenas tem isenção o investidor pessoa física.

c) Não existe isenção de imposto na venda com lucro.

d) Todas as alternativas erradas.

6) O que é a subscrição de um FIIs?

a) O direito de comprar novas cotas a valor determinado.

b) Pode ser aumento de capital para adquirir novos ativos.

c) A possibilidade de ganhos já na subscrição.

d) Todas as alternativas.

7) É preciso declarar as operações de FIIs no imposto de renda?

a) Sim, na aba de renda variável específica.

b) Apenas se for investir mais de 10 mil reais.
c) Somente se houve venda com lucros.
d) Todas as alternativas.

Gabarito: 1d; 2c; 3b; 4d; 5c; 6d; 7a.

CAPÍTULO 6: FUNDOS DE INVESTIMENTOS

Os fundos de investimento são uma alternativa interessante para quem não tem muito tempo nem conhecimento para analisar o mercado e prefere deixar o dinheiro nas mãos de um profissional especializado. O responsável por escolher os ativos do fundo é o gestor, a quem cabe tomar as decisões de compra e venda de ações ou títulos, sempre respeitando as regras que estão descritas no regulamento do fundo.

Para você entender melhor como funciona um fundo, vamos dar um exemplo bem simples: você tem um dinheiro sobrando e resolve investir em ações. Sempre que escolhe fazer isso por meio de um fundo, o gestor juntará o seu dinheiro ao de outras pessoas que também fizeram o mesmo e comprará ações de empresas negociadas na Bolsa de Valores. A rentabilidade desses títulos será dividida, proporcionalmente, entre você e os demais investidores.

FUNDOS DE RENDA FIXA

Os fundos de renda fixa são aplicações consideradas conservadoras ou moderadas e devem ter pelo menos 80% de seus recursos aplicados em títulos dessa classe de ativos. Nesses fundos, a rentabilidade pode ser beneficiada pela inclusão de títulos que apresentem maior risco de crédito, como as debêntures (títulos de dívida emitidos por empresas).

Os gestores normalmente priorizam a inclusão de determinados tipos de títulos. É comum, por exemplo, fundos que investem prioritariamente em títulos atrelados à inflação, com o objetivo de ganhar com as variações nas perspectivas futuras dos índices de preços.

FUNDOS MULTIMERCADOS

Como o próprio nome indica, os fundos multimercados podem investir em diversos ativos, como ações, dólar, juros e até mesmo *commodities*. Cabe ao gestor analisar cenários e compor a carteira com os ativos que ele acredita serem os mais adequados para o momento. Porém, ele deve sempre seguir o que está estabelecido no prospecto e no regulamento do fundo. Considerada uma boa maneira de diluir os riscos, os fundos multimercados são uma boa opção para os investidores que querem dar o primeiro passo em direção à renda variável.

TENHA CUIDADO AO ESCOLHER UM FUNDO DE RENDA FIXA, APENAS PELA RENTABILIDADE PASSADA. POIS EM FUNDOS COM ESTRATÉGIA DE INFLAÇÃO LONGA OU ATIVOS PRÉ-FIXADOS, VOCÊ PODE TER MAIS RETORNO, PORÉM PODE TER RENTABILIDADE NEGATIVA EM ALGUNS MOMENTOS.

Para escolher fundos multimercados, você pode verificar os fundos disponíveis no *site* da xpi.com.br, e depois usar o *site* maisretorno.com.br para analisar mais detalhes.

FUNDOS CAMBIAIS

Com o objetivo de acompanhar a variação de moedas estrangeiras, os fundos cambiais aplicam os recursos dos investidores em títulos emitidos em dólares ou euros por bancos e empresas. Esse tipo de fundo precisa aplicar pelo menos 80% de sua carteira, via derivativos, em dólar ou euro. O restante deve ser investido em títulos e operações de renda fixa.

É uma boa opção para investidores de perfil moderado que têm dívida em moeda estrangeira ou têm planos futuros de viajar para o exterior. Isso porque o fundo cambial permite comprar euros e dólares com antecedência e manter o valor de compra até a viagem ou o vencimento da dívida. Porém, é considerado bem arriscado para pequenos investidores que buscam multiplicação do patrimônio, porque os valores para a conversão de moedas variam muito e são pouco previsíveis.

RENTABILIDADE PASSADA NÃO É GARANTIA DE RENTABILIDADE FUTURA.

FUNDOS DE AÇÕES

Os fundos de ações são uma ótima opção para quem quer ter uma parte do capital investido no mercado acionário. Em vez de ter todo o trabalho de selecionar as melhores ações para comprar, o investidor simplesmente delega essa tarefa ao gestor do fundo, que investe nas empresas após uma análise aprofundada de toda a equipe.

Esse tipo de fundo deve possuir, no mínimo, 67% da carteira em ações negociadas no mercado à vista da Bolsa de Valores ou entidade do mercado de balcão organizado. Dependendo da denominação, um fundo de ações pode acompanhar ou superar a variação de um índice do mercado acionário, ter foco em empresas pertencentes a um mesmo setor, ser composto por companhias com histórico de elevadas distribuições de dividendos etc.

Muitas pessoas desprezam os fundos de ações, mas a realidade é que a maioria dos fundos de ações entrega mais rentabilidade ao investidor, comparado com uma carteira própria de ações. Isso porque a gestão das ações é feita por um time de especialistas.

FUNDOS IMOBILIÁRIOS

São condomínios de investidores que têm por objetivo aplicar recursos no desenvolvimento de empreendimentos imobiliários ou imóveis prontos, como hotéis, *shoppings centers*, edifícios comerciais, escolas, loteamentos etc.

Esses fundos têm suas cotas negociadas na Bolsa de Valores e o investidor pode comprar e vender como se fosse uma ação negociada na Bolsa. O objetivo do fundo é conseguir retorno por exploração da locação, arrendamento, venda do imóvel e demais atividades do setor imobiliário.

O retorno pode se dar pela distribuição de resultados mensais de receitas de aluguéis (que é isento de imposto de renda para pessoas físicas) ou pela venda das cotas na Bolsa de Valores.

No capítulo anterior, tivemos uma seção dedicada a explicar melhor sobre o funcionamento dos FIIs.

CUSTOS DE INVESTIR EM FUNDOS

Confira as principais taxas cobradas pelos gestores de fundos de investimento:

TAXA DE ADMINISTRAÇÃO:

Cobrada pelo gestor do fundo. Em fundos DI ou de curto prazo, é importante que o investidor busque aqueles com as menores taxas, já que todos investem basicamente nos mesmos ativos. Já nos demais tipos de fundos, pode ser mais inteligente investir naqueles que tenham um excelente histórico de rentabilidade, ainda que as taxas sejam mais elevadas que a média. Mas não se esqueça de que rentabilidade passada não garante rentabilidade futura.

TAXA DE PERFORMANCE:

Se estiver estabelecido no estatuto do fundo, o gestor cobrará a taxa sempre que superar as metas de rentabilidade pré-acordadas. Esse pode ser um incentivo interessante para alinhar os interesses do gestor e do investidor na busca pela melhor rentabilidade possível.

COME-COTAS:

O come-cotas incide semestralmente sobre os fundos de curto e longo prazo, de renda fixa e multimercados. Ele antecipa a cobrança de parte do imposto desses fundos sempre no último dia útil do mês de maio e de novembro, reduzindo a quantidade de cotas dos clientes.

A cobrança do come-cotas é sempre a menor alíquota do imposto de renda em cada tipo de fundo. Portanto, em fundos de curto prazo, o come-cotas fica com 20% dos ganhos e, nos de longo prazo, com 15%. Quando o investidor de fato resgata o dinheiro do fundo é feito o cálculo da diferença entre valor antecipado pelo come-cotas e a alíquota do imposto de renda em que o fundo se enquadra.

ONDE ENCONTRAR BOAS OPÇÕES

A XP investimentos possui uma das maiores e mais completas plataformas de oferta de fundos de investimentos. São mais de 400 fundos de diferentes classes de ativos.

Outro ponto importante é que a XP possui uma classe de fundos denominada "*trend*". Todos os fundos que

INVESTIR EM FUNDOS É UMA FORMA INTELIGENTE DE REDUZIR O RISCO E AUMENTAR SEUS RETORNOS, POIS OS ATIVOS QUE COMPÕEM UM FUNDO ESTÃO ESTRATEGICAMENTE POSICIONADOS PARA ESSA FINALIDADE.

compõem essa classe possuem investimento inicial mínimo de 100 reais e você pode acessar várias estratégias diferentes, como, renda fixa, ações Brasil, ações internacionais, moedas, entre outros.

Nessa classe de fundos, você encontra fundos que replicam até o índice da bolsa de valores chinesa, americana ou ações de empresa do setor de tecnologia, como, Apple, Facebook, Google, entre outras.

Basta acessar o *site* xpi.com.br e ir na opção "fundos *trend*".

CAPÍTULO 7: PREVIDÊNCIA PRIVADA

Ter renda suficiente para se aposentar sem ter de abrir mão do padrão de vida é o sonho de muita gente. Mas como atingir esse objetivo? Se depender apenas da Previdência Social, você, provavelmente, terá uma redução drástica da renda, já que o teto para trabalhadores da iniciativa privada é de apenas R$ 5.645, enquanto escrevo este livro. Por isso, optar por um plano de previdência complementar vai possibilitar que você consiga aproveitar essa fase da vida sem passar por apertos financeiros.

É importante lembrar que o investimento em previdência deve começar o quanto antes. Assim, é possível juntar mais dinheiro sem fazer um esforço tão grande e garantir no futuro uma rentabilidade compatível com o seu padrão de vida atual. Lembre-se sempre: alguns anos a mais investindo podem fazer uma grande diferença no valor total do benefício final.

VGBL OU PGBL?

Quem optar pela previdência precisa ter em mente alguns pontos. O primeiro é o tipo de plano, que pode ser o VGBL (Vida Gerador de Benefício Livre) e o PGBL

(Plano Gerador de Benefício Livre). A principal diferença entre os dois está nos benefícios fiscais.

Quem contrata um PGBL consegue deduzir até 12% da renda tributável ao ano da base de cálculo do imposto de renda. Isso significa que a pessoa poderá pagar menos IR agora, colocar o dinheiro para render e só acertar as contas com o Leão lá na frente. O benefício, no entanto, só é concedido para quem entrega a declaração completa do IR e contribui com o INSS.

Já o VGBL não oferece nenhuma vantagem de dedução durante a fase de acumulação, ou seja, a fase em que ainda está aplicando no plano. Em compensação, tem esse benefício no momento do resgate. Isso porque, no VGBL, o imposto incide apenas sobre os rendimentos obtidos e não sobre o valor total acumulado, como acontece no PGBL.

Outro ponto importante que precisa ser analisado é o planejamento sucessório. Quem já tem uma idade avançada pode optar pelo VGBL, já que esse plano oferece a opção de incluir os beneficiários e, em caso de falecimento, o valor acumulado não entra no inventário, o que evita uma grande dor de cabeça e gastos com os honorários dos advogados.

Com o VGBL ou PGBL, em pouco tempo, independentemente de serem ou não herdeiros, os beneficiários receberão o valor acumulado pelo titular, sem burocracia.

JAMAIS FAÇA UM PGBL SE VOCÊ NÃO FAZ A DECLARAÇÃO DE IR NO MODELO COMPLETO E NÃO CONTRIBUA PARA O INSS.

PRINCIPAIS TAXAS

TAXA DE ADMINISTRAÇÃO

É a taxa cobrada pela administração de um fundo de investimento.

É importante procurar planos com taxas de administração mais baixas, para que a rentabilidade líquida seja maior. No longo prazo, uma taxa um pouco menor pode fazer uma grande diferença no valor total acumulado no final do plano.

TAXA DE CARREGAMENTO

A taxa de carregamento é o valor descontado das contribuições aos planos de previdência. O investidor deve fugir de seguradoras que cobram essa taxa, que tem um impacto significativo no acúmulo de capital.

TAXA DE SAÍDA

A taxa de saída é um percentual cobrado sobre o valor total investido caso você resgate antes de determinado prazo informado no momento da contratação. O investidor deve fugir de seguradoras que cobram essa taxa, que tem um impacto significativo no acúmulo de capital.

REGIME DE TRIBUTAÇÃO

Ao optar por um plano de previdência complementar, você deve ter em mente vários aspectos, tais como o seu objetivo final, por quanto tempo assumirá o investimento, qual o valor que pretende acumular, entre outros pontos. Não menos importante do que tudo isso é o regime de tributação a escolher. Afinal, sobre o dinheiro investido, é preciso recolher imposto de renda. Existem duas formas de tributação e cabe a você decidir, no momento da contratação do plano, qual a melhor opção para o seu caso.

TABELA PROGRESSIVA

Na tabela progressiva, a alíquota do imposto de renda segue as mesmas regras aplicadas aos salários e aumenta de acordo com o valor que você vai receber do plano.

Importante entender que, no momento do resgate, incide a alíquota de 15% sobre a parte tributável e, no ano seguinte, deve ser feito o ajuste na declaração anual de imposto de renda, podendo pagar mais imposto ou até mesmo restituir o imposto já pago.

TRIBUTAÇÃO REGRESSIVA

Já a tributação regressiva foi criada justamente para estimular as aplicações de longo prazo, que devem ser o objetivo dos planos de previdência. Nesse caso, a alíquota diminui com o tempo e é calculada de acordo com a data de cada contribuição ou aporte. Confira a tabela regressiva:

Prazo de acumulação/ recebimento de renda	Alíquota sobre o valor de resgate/ renda
Até 2 anos	35%
2 a 4 anos	30%
4 a 6 anos	25%

6 a 8 anos	20%
8 a 10 anos	15%
Acima de 10 anos	10%

Ou seja: se você optar pela tabela regressiva e resgatar o plano em até dois anos (o que não é aconselhado em se tratando de Previdência Privada), vai pagar um imposto bem alto por isso (alíquota de 35%).

Por outro lado, se fizer aportes por mais de dez anos, o imposto será muito menor, de apenas 10%. Pense nisso antes de contratar um plano, pois, apesar de parecer pequena, essa diferença garante um valor líquido muito maior para o titular.

TIPOS DE RENTABILIDADE

Após você definir o tipo de plano e o regime de tributação, você precisa escolher um fundo de investimento conforme o seu perfil de investidor. É importante ressaltar que existem desde fundos conservadores até fundos agressivos compostos por ações.

PASSO A PASSO PARA ESCOLHER UM PLANO

É importante entender as características mencionadas anteriormente para então decidir o melhor plano para você. A sequência é:

1. PGBL ou VGBL;
2. Progressivo ou regressivo;
3. Fundo conservador, moderado ou agressivo.

AS 4 DICAS PARA TER O MELHOR DA PREVIDÊNCIA PRIVADA

1. Opte por planos com taxa zero de carregamento, entrada e saída.
2. Fundos conservadores de renda fixa não devem cobrar mais de 1% em taxa de administração.
3. Procure balancear seus investimentos. Existem opções de previdência em renda fixa, multimercado, inflação e balanceados.
4. Planos PGBL são vantajosos apenas para quem faz declaração completa de imposto de renda.

ACOMPANHAMENTO PERIÓDICO DA SUA PREVIDÊNCIA

É importante que você faça um acompanhamento periódico dos rendimentos do seu plano de previdência a cada 12 meses, pois existem vários aspectos que podem afetar a rentabilidade, como queda na taxa de juros e aumento da inflação.

Neste estudo, você deve comparar o retorno da sua previdência com algum indicador da economia, como, por exemplo, taxa CDI, IPCA ou até mesmo o Ibovespa. Isso vai depender se o seu plano for conservador, moderado ou agressivo.

Para fazer isso na prática, você pode usar o *site* statusinvest.com.br. Basta ir à opção de comparação de fundos e, em seguida, digitar o nome do fundo em que sua previdência está alocada. Após isso, selecione o indicador mais apropriado (CDI = conservador, IPCA = moderado e IBOV = agressivo) e veja se o seu plano está superando esse indicador ou não.

TER UM FUNDO DE PREVIDÊNCIA, COM PERFIL UM POUCO MAIS OUSADO DO QUE O SEU PERFIL, PODE FAZER O SEU CAPITAL RENDER MAIS, VISTO QUE O HORIZONTE DE TEMPO SEMPRE DEVE SER DE LONGO PRAZO.

PORTABILIDADE EM PLANOS DE PREVIDÊNCIA

Um assunto muito importante, porém a grande maioria das pessoas que possui um plano de previdência não conhece esse grande benefício que é a portabilidade.

A portabilidade de fundos de previdência privada só permite a migração entre planos da mesma modalidade, ou seja, de Plano Gerador de Benefício Livre (PGBL) para PGBL e de Vida Gerador de Benefício Livre (VGBL) para VGBL.

Respeitada essa regra, você pode fazer uma portabilidade externa, entre instituições financeiras distintas, ou interna, entre ativos de uma mesma gestora. Você pode, portanto, escolher permanecer no seu banco/seguradora ou mudar.

Para pedir a portabilidade, você deve fazer uma solicitação à nova seguradora (ou na instituição na qual permanecerá, se for o caso), responsável por todo o trâmite. Entre os documentos exigidos estão o extrato completo e os dados com as características do plano anterior.

Ao fazer a portabilidade da sua previdência, precisa ser necessariamente entre o mesmo regime de tributação, ou seja, de progressiva para progressiva ou regressiva para regressiva.

Após feita a portabilidade, você ainda pode optar em trocar o regime de tributação progressivo para regressivo apenas, ou seja, não é permitido a troca de regressivo para progressivo. Ressalto ainda que a troca do regime progressivo para regressivo vai automaticamente começar a contar do zero novamente para fins de tributação.

AO FAZER A PORTABILIDADE, TODAS AS DATAS DE APORTES SÃO MANTIDAS AS MESMAS PARA FINS DE TRIBUTAÇÃO.

É HORA DE FIXAR O CONTEÚDO

1) O que é uma previdência privada?
a) Um tipo de investimento para o longo prazo.
b) Investimento com algumas características diferentes.
c) Investimento que possui a rentabilidade de um fundo.
d) Todas as alternativas.

2) Quais são os principais tipos de previdência privada?
a) PGBL e PGBL de longo prazo.
b) VGBL e PGBL.
c) Regressivo, progressivo e VGBL.
d) Regressivo e progressivo.

3) Uma característica do PGBL:
a) O IR incide apenas sobre o rendimento.
b) Pode abater até 12% das contribuições da renda bruta tributável.
c) Possui rentabilidade mais agressiva no longo prazo.
d) Melhor plano para usar na sucessão patrimonial.

4) Uma característica do PGBL:

a) O imposto de renda incide sobre todo o saldo.

b) Trata-se de plano para quem faz declaração de IR no modelo simplificado.

c) Melhor plano para usar na sucessão patrimonial.

d) Os beneficiários do plano são sempre os filhos.

5) Uma característica do VGBL:

a) O IR incide somente sobre a rentabilidade.

b) O saldo é atualizado em juros compostos.

c) Pode optar por regressivo ou progressivo.

d) Todas as alternativas.

6) Uma característica sobre planos PGBL e VGBL:

a) A rentabilidade provém de um fundo de investimento.

b) Não possuem garantia do FGC.

c) São ótimos para sucessão patrimonial.

d) Todas as alternativas.

7) Sobre aportes mensais, qual alternativa correta?

a) Toda previdência precisa ter aportes mensais obrigatórios.

b) O aporte mensal é facultativo, ou seja, não é obrigado.
c) Com aporte mensal, sua rentabilidade será mais alta.
d) Não existe opção de aporte mensal.

Gabarito: 1d; 2b; 3b; 4a; 5d; 6d; 7b.

CAPÍTULO 8: DIFERENÇAS ENTRE BANCOS E CORRETORAS

Na hora de investir dinheiro, surge um imenso número de dúvidas. Em relação ao melhor tipo de investimento, qual mais se adapta ao perfil e, também, se é mais vantajoso investir diretamente no banco ou por meio de uma corretora.

Ambas as instituições apresentam benefícios. Tudo vai depender do tipo de investimento que você deseja fazer e, principalmente, do valor que está disposto a investir. Com relação ao risco, não há muita diferença e tudo vai depender da modalidade escolhida pelo investidor.

Por ser um assunto delicado e cheio de peculiaridades, separei um guia rápido para ajudá-lo a decidir qual é a melhor opção para você. A seguir, analisaremos as principais diferenças entre os bancos e as corretoras de investimentos.

BANCOS

Os bancos possuem muitos clientes, mas nem tantas opções de investimento. Além disso, a grande maioria delas é voltada para um perfil mais conservador, com retornos menores.

Investir por meio dos bancos também tem suas vantagens, como, por exemplo, a tranquilidade, facilidade de comunicação e, claro, a segurança de que não acontecerá nada de tão grave com a instituição. Ou seja, investir por meio de bancos pode ser um bom negócio, tudo vai depender dos seus objetivos (você também investe em bancos por meio da corretora).

Podemos dizer que os investimentos financeiros encontrados nos grandes bancos comerciais, na maioria das vezes, possuem taxas mais altas e não oferecem bom retorno (abaixo do CDI). O banco ainda é o preferido por pessoas que não desejam acompanhar tudo assim tão de perto (e, consequentemente, abrir mão de rentabilidade).

CORRETORAS

As corretoras estão sempre precisando captar mais clientes e, por isso, precisam oferecer uma vasta linha de investimentos. Há opções para os mais diversos perfis e é possível conseguir excelente liquidez se a escolha for feita de forma correta.

Com relação à segurança, não há com o que se preocupar. De forma geral, não há nenhum grande risco de quebra da corretora, principalmente se optar por uma que tenha uma história longa e reconhecida. Além disso, os sistemas financeiros que atuam no país protegem muito bem o investidor.

Resumindo, tanto bancos quanto corretoras podem apresentar excelentes opções de investimento, de acordo com cada pessoa. Para definir qual delas oferece a melhor opção para você, converse com ambas e analise com cuidado as opções indicadas.

Para não errar, procure comparar investimentos semelhantes e fazer as contas considerando a taxa de administração e as taxas de retorno. Geralmente os bancos cobram taxas de administração mais altas, mas isso não é uma regra.

A taxa de administração nada mais é do que o valor cobrado pela empresa ou banco para cuidar de seu dinheiro e a taxa de retorno é o lucro propriamente dito. É preciso levar em consideração também se há custo em sacar ou transferir o dinheiro para onde deseja, e aí, com todas essas informações em mãos, fazer os cálculos e verificar qual dos investimentos no final das contas vai trazer mais vantagens.

Para ter mais segurança na escolha, não basta somente comparar um banco com uma corretora. Levante as informações de diferentes bancos e corretoras, já que há um verdadeiro abismo entre todas as opções.

É HORA DE FIXAR O CONTEÚDO

1) Onde encontramos mais opções de investimentos?

a) Bancos digitais.

b) Bancos tradicionais.

c) Corretoras.

d) Corretoras de grandes bancos.

2) Sobre o FGC nas corretoras e bancos

a) CDB de corretora não possui FGC.

b) CDB de bancos são mais seguros.

c) Títulos cobertos pelo FGC podem ser adquiridos, tanto em bancos quanto em corretoras.

d) Banco é mais seguro que corretora.

3) Se a corretora quebrar:

a) Todos os seus investimentos irão sumir.

b) Nada acontece com seus investimentos, pois eles não ficam guardados na corretora.

c) Seus investimentos estão todos garantidos pelo FGC.

d) Seu dinheiro será transferido para o Banco Central.

4) Onde as taxas cobradas nos investimentos costumam ser maiores?

a) Bancos tradicionais.

b) Corretoras.

c) Corretoras de grandes bancos.

d) Cooperativas de crédito.

Gabarito: 1c; 2c; 3b; 4a.

CAPÍTULO 9: COMO MONTAR SUA CARTEIRA DE INVESTIMENTOS

SUA CARTEIRA DE INVESTIMENTOS DEVE SER CONSTRUÍDA COM BASE NO SEU ORÇAMENTO E NOS SEUS "POTES DE DINHEIRO". MAS LEMBRE-SE, PARA SABER QUAL O MELHOR INVESTIMENTO PARA O SEU DINHEIRO, É PRECISO TER DEFINIDO O OBJETIVO COM ESSE INVESTIMENTO PRIMEIRO. SEJA ELE DE CURTO, MÉDIO OU LONGO PRAZO.

COMO MONTAR SUA CARTEIRA DE INVESTIMENTOS – PASSO 1

A primeira coisa que deve ser feita na montagem da carteira de investimentos é a identificação do perfil do investidor. Sem esse primeiro passo, é impossível montar uma carteira de investimentos equilibrada, ajustada aos objetivos e que não cause ansiedade nem desconforto ao investidor.

Existem investimentos de prazo imediato, de curto prazo, de médio prazo e de longo prazo. No entanto, existem opções em todos esses prazos para diferentes perfis. Uma pessoa extremamente conservadora montará uma carteira dividida para todos os prazos de forma mais conservadora. Uma pessoa agressiva montará uma carteira dividida para todos os prazos de forma mais agressiva. Especialmente nas parcelas de médio e longo prazos, existirão diferenças significativas.

COMO MONTAR SUA CARTEIRA DE INVESTIMENTOS – PASSO 2

O segundo passo constitui em organizar todos os seus objetivos, que vão desde possuir uma reserva de emergência, realizar uma viagem ou até mesmo atingir a liberdade financeira.

Ao colocar no papel os seus objetivos, é preciso definir o quanto de dinheiro precisa para esse objetivo, o tempo até chegar lá e o seu perfil de investidor. Faça esse trabalho para todos os objetivos individuais que você possui.

COMO MONTAR SUA CARTEIRA DE INVESTIMENTOS – PASSO 3

Nesse momento, você precisa direcionar seus investimentos conforme o seu perfil de investidor e para os "3 Potes de Dinheiro". Para cada pote, são apresentados investimentos sugeridos.

FUNDO DE EMERGÊNCIA

O seu primeiro objetivo é descobrir exatamente o quanto você precisa ter de dinheiro guardado com a finalidade de fundo de emergência. Em resumo, o fundo de emergência é a parcela de curto prazo do seu dinheiro e precisa de liquidez. É aquela parte que você precisa ter disponível para uma emergência ou para um evento inesperado. Recomenda-se que, caso você seja funcionário público, tenha uma reserva de 3 vezes o seu custo de vida. Se você possui emprego em empresa privada, ou seja, CLT, você deve acumular 6 vezes o valor dos seus custos mensais e o destinar para o seu fundo de emergência. Caso seja um profissional liberal, autônomo ou empresário, recomenda-se 12 vezes o seu custo mensal.

Aplicações sugeridas para compor o fundo de emergência:

- Valores a partir de 1 real: Nuconta ou poupança.
- Valores a partir de 100 reais: Nubank, Tesouro Selic, CDB 100% CDI.
- Valores a partir de 1.000 reais: Fundos de Renda Fixa, CDB 100% CDI.

RESERVA DA LIBERDADE FINANCEIRA

Não pense nessa segunda etapa caso você não tenha completado a primeira. A coisa mais importante que você deve ter em mente é que precisa ter a sua reserva. Se algo acontecer, você precisará ter de onde tirar. Por isso, não se sinta tentado a investir em algo que renda mais, caso ainda não tenha a reserva de emergência guardada.

O seu segundo objetivo é pensar na aposentadoria. Você precisa se preparar para se aposentar um dia, pois se não pensar nisso agora, provavelmente não terá tempo para correr atrás disso no futuro! Sendo assim, essa é a sua segunda prioridade.

A primeira coisa a fazer é identificar uma renda mensal que atenda você no futuro. Caso você queira se aposentar (ou ter uma renda extra) com R$ 5.000,00 por mês no futuro, você deve pegar esse valor mensal e transformar em ANUAL. Ou seja, você multiplica esses R$ 5.000,00 por 12, resultando em R$ 60.000,00 de "salário" anual. Guarde o número 60.000.

Você precisa descobrir em quantos anos você pretende se aposentar. Ou seja, se você tem 30 anos e pretende se aposentar com 60 anos, então faltam 30, certo? Guarde esse número.

Como já identificamos que você precisa ter uma renda de R$ 60.000,00 por ano, precisamos agora descobrir quanto de patrimônio precisará ter para viver APENAS com os rendimentos (afinal, você quer receber esse valor de R$ 60.000,00 por ano, né?). O que você precisa fazer agora é uma conta bem simples: multiplique esses R$ 60.000,00 por 100 e divida por 4 (não se preocupe como cheguei nisso!!! O "100" e o "4" sempre devem ser utilizados, pois representam uma rentabilidade real de 4%). Ou seja, se multiplicarmos R$ 60.000,00 por 100, teremos R$ 6.000.000,00, e se dividirmos por 4, teremos R$ 1.500.000,00. Esse valor de R$ 1.500.000,00 é o seu grande objetivo para se aposentar.

Se você tiver esse número, consegue garantir uma renda de R$ 60.000,00 por ano e, consequentemente, R$ 5.000,00 por mês! Porém, agora que você já tem o seu grande objetivo de aposentadoria, precisa descobrir o quanto você precisa investir por mês para chegar a esse objetivo, certo?

Se você calculou isso corretamente, você chegou ao número de R$ 26.745,15 ao ano. Isso significa que você precisa guardar esse montante de dinheiro por ano para chegar ao seu resultado, ou R$ 2.228,76 por mês.

Agora você chegou ao número que a gente queria. O número é o 2.228,76. Esse valor é, de forma resumida, o quanto você precisa investir por mês para atingir o seu objetivo de aposentadoria. Você deve enfrentar isso como um custo mensal, e não como um investimento.

Agora, você tem dois cenários: se sobrar menos dinheiro do que o necessário por mês para investir R$ 2.228,76 (ou menos), você deverá aplicar mensalmente nos investimentos a seguir; se sobrar mais dinheiro do que o necessário por mês, você investe na aposentadoria, e o restante aplica na etapa 3 da sua montagem de carteira.

Em relação ao cálculo, não se preocupe, pois aqui neste *site* www.ricardohoffmann.com.br, na aba *downloads*, tem uma planilha gratuita que faz todo esse cálculo para você!

APLICAÇÕES SUGERIDAS PARA ESSA FINALIDADE):

- **Conservador:** Tesouro IPCA+ (Tesouro Direto) para prazos mais longos, comprar títulos atrelados à inflação garante a você um retorno real no longo prazo. Você pode colocar tudo nesse tipo de aplicação, ou variar entre as outras disponíveis a seguir.
Se for investidor pessoa física, procure por debêntures incentivadas atreladas ao IPCA. Esses investimentos são isentos de imposto de renda para PF (no longo prazo faz muita diferença).

- **Moderado:** além das opções anteriores, você ainda pode buscar por fundos isentos de imposto ou multimercados. Uma fatia em fundos imobiliários e fundos de ações pode ser alocada também. Algo entre 15% e 35% da carteira total, afinal esse recurso é para longo prazo.

- **Agressivo:** você deve usar algumas das opções anteriores, mas principalmente alocar esse recurso em renda variável. Aqui vale usar fundos de ações, FIIs, ações, Previdência Privada com fundos de ações e fundos multimercados para equilibrar a carteira.

RESERVA DE SONHOS E AQUISIÇÕES

Caso você tenha recursos para aplicar mensalmente um capital superior ao necessário para se aposentar, você pode prosseguir nessa etapa. Aqui, você simplesmente aloca os recursos que excedem os aportes nas reservas anteriores com o objetivo de poder investir para comprar imóveis, viagens, carros, empreendimentos etc.

Não é uma regra aportar nesse pote caso os aportes em reserva de aposentadoria não estejam dentro do cálculo, mas seria o "mundo ideal", entendeu?

Investimentos sugeridos para essa finalidade:
- Tesouro IPCA+ (para prazos entre 5 e 10 anos);
- Títulos de renda fixa (confira no mapa quais são) para 2 a 5 anos (os que tiverem as maiores taxas);
- Fundos de renda fixa, caso a liquidez seja inferior a 1 ano.

PRESTE MUITA ATENÇÃO EM RELAÇÃO À LIQUIDEZ DOS INVESTIMENTOS QUE COMPÕEM ESSA RESERVA. POR EXEMPLO: SE VOCÊ ESTÁ GUARDANDO DINHEIRO PARA REALIZAR UMA VIAGEM DAQUI A UM ANO, SUGIRO EVITAR FAZER INVESTIMENTOS DE PRAZO MAIOR QUE UM ANO SÓ PORQUE OFERECEM TAXAS DE RETORNO MAIORES!

- Se o seu perfil de investidor for do tipo moderado ou agressivo, você pode incluir na sua carteira fundos multimercados, fundos de ações, FIIs ou outros investimentos que você viu aqui.

COMO MONTAR SUA CARTEIRA
DE INVESTIMENTOS — PASSO 4

Concentre as suas aplicações na mesma instituição financeira: assim, fica mais fácil para gerir e controlar.

Uma sugestão: tenha conta em um banco que atenda você satisfatoriamente em relação a cartões e demais necessidades (como débito automático e outros benefícios). Já para os seus investimentos, tenha conta em uma corretora de investimentos, pois assim você consegue se organizar de forma mais fácil, terá melhores rendimentos, menores taxas e, consequentemente, uma melhor experiência em relação às suas finanças.

Após a abertura de conta na corretora, você precisa enviar uma TED (Transferência Eletrônica) para a mesma e, a partir daí, realizar as aplicações conforme o seu perfil e as suas necessidades.

MANUTENÇÃO PERIÓDICA DA CARTEIRA

É importante "rebalancear" a sua carteira de investimentos periodicamente: 3 meses para perfil agressivo, 6 meses para moderado e 12 meses para conservador são períodos indicados (mas não é uma regra). Isso é importante, pois o mercado muda com o passar do tempo, assim como os seus objetivos, não é verdade?

Seja qual for o seu perfil, o "rebalanceamento" da carteira de investimentos deverá ser realizado a fim de manter os ativos que estão alinhados às suas estratégias e retirar do portfólio aqueles que não fazem mais sentido, realizando a troca destes por ativos que melhor se encaixem aos seus objetivos enquanto investidor.

Espero ter ajudado você com este conteúdo!

Ah, posso pedir um favor?

Envie um *e-mail* para mim contando o quanto este conteúdo ajudou!

E, caso ainda tenha alguma dúvida, pode me contatar por meio do Instagram ou pelo *e-mail* mesmo!

E-mail: contato@ricardohoffmann.com.br
Instagram: @investindo.inteligente